الاستعاذات النبوية

LES DEMANDES DE PROTECTION PROPHÉTIQUES

L'équipe littéraire des Éditions Maison d'Ennour

Maison d'Ennour

21, rue Moret – 75011 Paris

Tél.-: 01-43-38-77-32

Fax-: 01-43-38-27-12

www.maisondennour.com

e-mail : maisondennour@yahoo.fr

Dépôt légal : Premier trimestre 2015

ISBN : 2-7524-0080-2

Introduction

Dérivant de *'âdha*, l'*isti'âdha* signifie, au sens linguistique, le fait de chercher refuge auprès de quelqu'un pour fuir quelqu'un ou quelque chose ; ce terme recouvre alors le sens des verbes *iltaja'a*, *i'tasama* et *tahassana*.

Au sens terminologique, l'*isti'âdha* consiste à prononcer la formule : « Je cherche refuge auprès de Dieu » : *'A'ûdhu billâh* qui signifie avoir recours à Dieu le Très-Haut pour se prémunir du mal de toute chose nuisible. Ainsi l'on peut demander la protection de Dieu contre le Diable, mais aussi contre toutes sortes de maux, comme nous le verrons dans le présent ouvrage. On se réfugie en Dieu, on fuit vers lui pour se protéger contre toute chose que l'on craint, redoute, qu'il s'agisse des maux afférents à ce monde ou à la vie dernière.

En formulant l'*isti'âdha* le serviteur appelle Dieu à l'aide reconnaissant ainsi Sa Toute-puissance, mais également ses propres faiblesses et son incapacité à résister à l'action néfaste de Satan et des autres créatures.

En prononçant la formule de l'*isti'âdha*, le Croyant cherche refuge en Dieu, Seul et non en quelqu'une de Ses créatures, quelle qu'elle soit, contre le tort que le Diable pourrait lui causer dans sa religion, ou encore l'une de ses tentatives de l'écarter d'une vérité qui le rapproche de Son Seigneur.[1]

Ar-Râzî dit dans son *Tafsîr* : Il ne fait aucun doute que la formule {*A'ûdhu*

---

1 *Tafsîr* At-Tabarî, p.32 ; traduction Godé, éditions les Heures claires, 1983.

billâhi mina sh-shaytâni r-rajîm} veut dire la demande de protection, la recherche de refuge auprès de Dieu contre toutes les choses défendues et interdites, lesquelles peuvent concerner les choses auxquelles on doit ajouter foi (*i'tiqâdât*) ou les œuvres des membres (*jawârih*).[2]

L'être humain est faible par nature ; il est dans l'incapacité de se préserver des maux tant physiques que spirituels qui sont susceptibles de l'assaillir dans ce monde ; c'est pourquoi Dieu l'exhorte à se retrancher dans Sa citadelle, car c'est là qu'il pourrait être à l'abri de Satan et sa descendance, ainsi que du mal de toute créature nuisible, qu'elle soit animée ou inanimée. C'est aussi en demandant asile à Dieu qu'il serait en mesure d'échapper à la Géhenne. Tous ces sens

---

2 *Mafâtîh Al-Ghayb*, vol 1, p.12 ; éditions Dâr Al-Fikr, 1981.

se dégagent de cette parole de Dieu : {*Dis : « Je prends refuge auprès du Seigneur de l'aube contre le mal de ce qu'Il a créé »*} (sourate 113, 1-2).

Dieu évoque l'*isti'âdha* dans quelques endroits du Coran : {*Si le Diable t'incite à faire le mal, cherche refuge auprès de Dieu. Car Il entend, et sait tout*} [sourate 7, 200] ; {*Lors donc que tu lis le Coran, demande alors protection de Dieu contre le Diable banni. Il n'a, en vérité, aucune autorité sur ceux qui croient et placent confiance en leur Seigneur. Rien d'autre : il a autorité sur ceux qui le prennent pour patron, sur ceux aussi qui donnent à Dieu des associés*} [sourate 16, 98-100] ; {*Dis : « Seigneur, je cherche Ta protection, contre les incitations des diables et je cherche Ta protection, Seigneur, contre leur présence auprès de moi »*} [sourate 23, 96-97] ; {*Si jamais le Diable t'incite (à agir autrement), alors cherche refuge auprès de Dieu ; Il est l'Audient, l'Omniscient*} [sourate 41, 36]

Dieu nous enjoint, dans le Coran, de traiter avec bienveillance et longanimité nos ennemis d'entre les humains, afin que leur nature foncièrement bonne reprenne le dessus et les ramène à la bonne entente et l'harmonie avec nous. En revanche, Il nous commande de chercher refuge en Lui contre les ennemis parmi les démons, car ceux-ci ne sauraient se prêter au jeu de la bienveillance et la longanimité, leur seule préoccupation étant de causer la perte de l'être humain, tant est grande l'hostilité et l'aversion qu'ils ont conçues auparavant à l'égard d'Adam, le père des humains. Les versets coraniques suivants en sont une preuve éloquente :{*Ô enfants d'Adam, Que le Diable ne vous tente point comme il a fait sortir du Paradis vos père et mère*} [sourate 7, 27] ; {*Oui, le Diable est pour vous un ennemi. Prenez-le donc pour un ennemi. Rien d'autre : il appelle ses partisans à être gens de l'enfer-Sa'îr*} [sourate 35, 6] ; {*Allez-vous donc le prendre, et aussi sa descendance, pour patrons au lieu de Moi, tandis qu'ils vous sont ennemis ? Quel mauvais échange, pour les prévaricateurs !*} [sourate 18, 50].[3]

Concernant l'origine de la formule de l'*isti'âdha*, Ibn 'Abbâs (رضي الله عنهما) a dit : « Lorsque, pour la première fois, Gabriel vint voir le Prophète (ﷺ), il lui dit : Ô Muhammad dis : « Je cherche refuge auprès de Dieu, l'Audient, l'Omniscient, contre Satan le lapidé ». Puis il lui dit : Dis : « Au Nom de Dieu le Tout Miséricordieux, le Très Miséricordieux ». Ensuite, il lui

3 *Tafsîr* Ibn Kathîr, p.15 ; éditions Maison d'Ennour, 2014.

dit : « *Lis au Nom de Ton Seigneur qui a créé*… » (sourate 96, 1).

Touchant la demande de protection contre le Diable que l'on fait à l'occasion de la récitation du Coran, l'opinion communément admise parmi les doctes est que c'est avant et non après cette récitation qu'il convient de formuler l'*isti'âdha*, afin de se prémunir contre les mauvaises pensées, la confusion dans laquelle le diable pourrait induire le lecteur, et notamment contre ses tentatives pour détourner son attention et troubler sa méditation sur le sens des versets coraniques.

Il existe, selon les érudits, plusieurs formules par le biais desquelles on demande la protection de Dieu contre le Diable, la plus connue étant {*A'ûdhu billâh mina sh-shayṯâni r-rajîm*}. La plupart des juristes retiennent cette formule, c'est le cas notamment d'Ash-Shâfi'î, Ahmad, Abû Hanîfa. Parmi les autres formules, on peut citer les suivantes : {*A'ûdhu billâhi s-samî'i l-'alîmi mina sh-shaytâni r-rajîm*} ; {*A'ûdhu billâhi l-'adhîmi mina sh-shaytâni r-rajîm*}.

Le propos de ce livre consiste à mettre à la disposition du lecteur les demandes de protection formulées par l'Envoyé de Dieu (ﷺ) à différentes occasions ou qu'il a recommandé à ses Compagnons de prononcer pour se préserver de créatures ou de choses néfastes.

Première partie

الاسْتِعَاذَاتُ الَّتِي تُقَالُ فِي أَوْقَاتٍ وَأَحْوَالٍ مَخْصُوصَةٍ

Des paroles par lesquelles le Prophète (ﷺ) cherchait refuge auprès de Dieu à des moments particuliers et dans des situations précises

- التَّعَوُّذُ عِنْدَ دُخُولِ الْخَلَاءِ

– Se réfugier auprès de Dieu avant d'entrer dans les lieux d'aisance

1- عَنْ أَنَسِ بْنِ مَالِكٍ رَضِيَ اللهُ عَنْهُ أَنَّ النَّبِيَّ صَلَّى اللهُ عَلَيْهِ وَسَلَّمَ كَانَ إِذَا دَخَلَ الْخَلَاءَ قَالَ : « **اللَّهُمَّ إِني أَعُوذُ بِكَ مِنَ الْخُبثِ وَالخَبَائِثِ** ».

1-D'après Anas Ibn Mâlik (ﷺ), quand le Prophète (ﷺ) entrait dans le lieu d'aisance, il prononçait cette parole : « Mon Dieu, je me réfugie auprès de Toi contre les démons mâles et les démons femelles. »[4]

Allâhumma innî a'ûdhu bika mina l-

4 Al-Bukhârî et Muslim.

khubthi wa-l-khabâ'ith

– التَّعَوُّذُ عِنْدَ الْخُرُوجِ مِنَ الْبَيْتِ

– Se réfugier auprès de Dieu en sortant de la maison

2- عَنْ أُمِّ سَلَمَةَ رَضِيَ اللهُ عَنْهَا قَالَت مَا خَرَجَ رَسُولُ اللهِ صَلَّى اللهُ عَلَيْهِ وَسَلَّمَ مِنْ بَيْتِهِ قَطُّ إِلَّا رَفَعَ طَرْفَهُ إِلَى السَّمَاءِ، فقَالَ : « اللَّهمَّ إِنِّي أَعُوذُ بِكَ أَن أَضِلَّ أَوْ أُضَلَّ، أو أَزِلَّ أو أُزَلَّ، أو أَظلِمَ أَوْ أُظْلَم، أَوْ أَجْهَلَ أَوْ يُجهلَ عَلَيَّ ».

2- Umm Salama (رضي الله عنها) a dit : chaque fois que l'Envoyé de Dieu (ﷺ) sortait de sa maison, il levait ses yeux au ciel et disait : « Mon Dieu, je me réfugie auprès de Toi pour que je ne m'égare pas et que je ne sois pas égaré, que je ne commette pas de faute et qu'on ne me pousse pas à en faire, que je ne sois pas injuste envers autrui et qu'on ne soit pas injuste envers moi, et que je ne cause pas de tort à autrui et qu'on ne m'en cause pas. »[5]

Allâhumma innî a'ûdhu bika an a<u>d</u>illa aw u<u>d</u>alla aw azilla aw uzalla aw a<u>dh</u>lima aw u<u>dh</u>lama aw ajhala aw yujhala 'alayya

---

– التَّعَوُّذُ عِنْدَ دُخُولِ الْمَسْجِدِ

– Se réfugier auprès de Dieu en entrant à la mosquée

3- عَنْ عَبْدِ اللهِ بْنِ عَمْرِو بْنِ الْعَاصِ

5 Abû Dâwûd, At-Tirmidhî qui le qualifie de *<u>h</u>adîth <u>h</u>asan*, An-Nasâ'î, Ibn Mâjah et Al-<u>H</u>âkim qui le qualifie de <u>h</u>adîth *<u>S</u>a<u>h</u>î<u>h</u>*. Al-Albânî le déclare *<u>S</u>a<u>h</u>î<u>h</u>*.

رَضِيَ اللهُ عَنْهُمَا أَنَّ النَّبِيَّ صَلَّى اللهُ عَلَيْهِ وَسَلَّمَ كَانَ إِذَا دَخَلَ الْمَسْجِدَ قَالَ : « أَعُوذُ بِاللهِ الْعَظِيمِ ، وَبِوَجْهِهِ الْكَرِيمِ ، وَسُلْطَانِهِ الْقَدِيمِ ، مِنَ الشَّيْطَانِ الرَّجِيمِ » قَالَ : فَإِذَا قَالَ ذَلِكَ قَالَ الشَّيْطَانُ : حُفِظَ مِنِّي سَائِرَ الْيَوْمِ ».

3- D'après 'Abd Allâh Ibn 'Amr Ibn Al-'Â<u>s</u> (ﷺ), quand le Prophète (ﷺ) entrait à la mosquée, il disait : « Je me réfugie auprès de Dieu l'Incommensurable ; je me réfugie auprès de Sa noble Face et de Son pouvoir éternel contre Satan le lapidé. » Quand le fidèle prononce ces paroles, Satan dit : Il est préservé de moi pour le restant de la journée. »[6]

---

6 Abû Dâwûd et Al-Bayhaqî. Al-<u>H</u>âfidh a dit : Ses

A'ûdhu bi-l-lâhi l-'adhîmi wa bi-wajhihi l-karîmi wa sultânihi l-qadîmi mina sh-shaytâni r-rajîm

---

narrateurs sont sûrs. Al-Albânî le déclare *Sahîh*.

بَابُ التَّعَوُّذِ فِي الصَّلاةِ

Chapitre : Se réfugier auprès de Dieu au cours de la prière

– التَّعَوُّذُ عِنْدَ اسْتِفْتَاحِ الصَّلاةِ

– Se réfugier auprès de Dieu au début de la prière

4- عَنْ عَائِشَةَ رَضِيَ اللهُ عَنْهَا أَنَّهَا سُئِلَتْ : مَا كَانَ رَسُولَ اللهِ صَلَّى اللهُ عَلَيْهِ وَسَلَّمَ يَقُولُ إِذَا قَامَ مِنَ اللَّيْلِ وَبِمَ كَانَ يَسْتَفْتِحُ ؟ فقَالَت : « كَانَ يُكَبِّرُ عَشْرًا وَيُسَبِّحُ عَشْرًا وَيُهَلِّلُ عَشْرًا وَيَسْتَغْفِرُ عَشْرًا وَيَقُولُ اللَّهُمَّ اغْفِرْ

لِي وَاهْدِنِي وَارْزُقْنِي عَشْرًا وَيَقُولُ : اللَّهُمَّ إِنِّي أَعُوذُ بِكَ مِنَ الضِّيقِ يَوْمَ الْحِسَابِ عَشْرًا » .

4- 'Â'isha (رضي الله عنها) rapporte qu'on lui avait posé cette question : Que disait l'Envoyé de Dieu (ﷺ) quand il se levait la nuit pour accomplir la prière (surérogatoire de la nuit) et quelle parole prononçait-il au début de la prière ? Elle répondit : « Il proclamait la grandeur de Dieu[7] (dix fois) ; il louait[8] la transcendance de Dieu et prononçait les formules de l'unicité divine (*tahlîl*) (dix fois) ; il implorait ensuite le pardon de Dieu (dix fois) ; et disait : « Mon Dieu, pardonne-moi, guide-moi et accorde-moi ma subsistance (dix fois). » Il ajoutait : « Mon Dieu, je me réfugie auprès de Dieu contre la gêne au Jour

7 Il disait : «*Allahu Akbar*».

8 Il disait : «*Subhâna Allah*».

des Comptes[9] (dix fois). »[10]

Allâhumma ghfir lî wa hdinî wa rzuqnî

Allâhumma innî a'ûdhu bika mina d̲-d̲îqi yawma l-h̲isâbi

- التَّعَوُّذُ قَبْلَ الْقِرَاءَةِ

– Se réfugier auprès de Dieu avant la lecture de la *fâtih̲a*[11]

5- عَنِ ابْنِ مَسْعُودٍ رَضِيَ اللهُ عَنْهُ قَالَ : كَانَ رَسُولَ اللهِ صَلَّى اللهُ عَلَيْهِ وَسَلَّمَ إِذَا دَخَلَ فِي الصَّلَاةِ يَقُولُ : « اللَّهُمَّ إِنِّي أَعُوذُ بِكَ مِنَ

9 Le compte des bonnes et mauvaises actions.

10 Ah̲mad et An-Nasâ'î. Al-Haythamî a dit : Ses narrateurs sont sûrs.

11 La sourate qui doit être lue dans chaque unité de prière.

الشَّيْطَانِ الرَّجِيمِ ، وَهَمْزِهِ وَنَفْخِهِ وَنَفْثِهِ » .

5- Ibn Mas'ûd (﵁) a dit : Quand l'Envoyé de Dieu (ﷺ) entrait en prière, il disait : « Mon Dieu, je me réfugie auprès de Toi contre Satan le lapidé, contre la folie (qu'il pourrait générer), contre sa poésie et son orgueil. »[12]

A'ûdhu bi-l-lâhi mina sh-shayṯâni r-rajîmi min hamzih wa nafkhihi wa nafthih.

6- عَنْ أَبِي سَعِيدٍ الْخُدْرِي رَضِيَ اللهُ عَنْهُ أَنَّ النَّبِيَّ صَلَّى اللهُ عَلَيْهِ وَسَلَّمَ كَانَ يَقُولُ : « أَعُوذُ بِاللَّهِ السَّمِيعِ الْعَلِيمِ مِنَ الشَّيْطَانِ الرَّجِيمِ مِنْ هَمْزِهِ وَنَفْخِهِ وَنَفْثِهِ »

---

12 A<u>h</u>mad, Ibn Mâjah et Al-<u>H</u>âkim qui le qualifie de <u>h</u>adîth *<u>Sahîh</u>*, suivi en cela par Adh-Dhahabî. Al-Albânî le déclare *<u>Sahîh</u>*.

6- D'après Abû Sa'îd Al-Khudrî (ﷺ), le Prophète (ﷺ) prononçait cette parole : « Je me réfugie auprès de Dieu l'Omniscient contre Satan le lapidé, contre la folie (qu'il pourrait générer), contre sa poésie et son orgueil. »[13]

A'ûdhu bi-l-lâhi s-samî'i l-'alîmi mina sh-shaytâni r-rajîmi min hamzih wa nafkhihi wa nafthih.

– التَّعَوُّذُ فِي الْقِرَاءَةِ فِي النَّافِلَةِ

– Se réfugier auprès de Dieu en lisant le Coran pendant les prières surérogatoires

---

7- عَنْ عَوْفِ بْنِ مَالِكٍ رَضِيَ اللهُ عَنْهُ قَالَ :

13 Ahmad, Abû Dâwûd et At-Tirmidhî. Al-Haythamî a dit : Ses narrateurs sont sûrs. Al-Albânî le déclare *Sahîh*.

« قُمْتُ مَعَ النَّبِيِّ صَلَّى اللَّهُ عَلَيْهِ وَسَلَّمَ فَبَدَأَ فَاسْتَاكَ وَتَوَضَّأَ ثُمَّ قَامَ فَصَلَّى فَبَدَأَ فَاسْتَفْتَحَ مِنْ الْبَقَرَةِ لَا يَمُرُّ بِآيَةِ رَحْمَةٍ إِلَّا وَقَفَ وَسَأَلَ وَلَا يَمُرُّ بِآيَةِ عَذَابٍ إِلَّا وَقَفَ يَتَعَوَّذُ » .

7- 'Awf Ibn Mâlik (ﷺ) a dit : « Je me suis levé en même temps que le Prophète (ﷺ) pour accomplir, avec lui, la prière surérogatoire de la nuit. Il se passa son frottoir pour les dents dans la bouche, fit son ablution mineure puis se tint debout en prière. Il récita la sourate La Vache ; lorsqu'il récitait un verset évoquant la miséricorde, il la sollicitait, quand il récitait un verset évoquant le châtiment il cherchait protection auprès de Dieu. »[14]

---

14 Ah̲mad, Abû Dâwûd et An-Nasâ'î. Al-Albânî a dit : Sa chaîne de transmetteurs est *Sah̲îh̲*.

- التَّعَوُّذُ فِي السُّجُودِ

– Se réfugier auprès de Dieu pendant la prosternation

8- عَنْ عَائِشَةَ رَضِيَ اللهُ عَنْهَا قَالَتْ : طَلَبْتُ رَسُولَ اللَّهِ صَلَّى اللَّهُ عَلَيْهِ وَسَلَّمَ ذَاتَ لَيْلَةٍ فِي فِرَاشِي فَلَمْ أُصِبْهُ فَضَرَبْتُ بِيَدِي عَلَى رَأْسِ الْفِرَاشِ فَوَقَعَتْ يَدِي عَلَى أَخْمَصِ قَدَمَيْهِ فَإِذَا هُوَ سَاجِدٌ يَقُولُ : « **أَعُوذُ بِعَفْوِكَ مِنْ عِقَابِكَ وَأَعُوذُ بِرِضَاكَ مِنْ سَخَطِكَ وَأَعُوذُ بِكَ مِنْكَ** » .

8- ‘Â’isha (رضي الله عنها) a dit : « Une nuit, je m’aperçus de l’absence de l’Envoyé de Dieu (ﷺ) et me mis à le chercher (dans l’obscurité). Or, voilà qu’il était en prosternation, disant : « Mon Dieu, je cherche refuge dans Ta clémence contre Ton châtiment, et dans Ta satisfaction contre Ton courroux ; je cherche refuge auprès de Toi contre Toi. »[15]

A'ûdhu bi-'afwika min 'iqâbika wa a'ûdhu bi-ri<u>d</u>âka min sakha<u>t</u>ika wa a'ûdhu bika minka

---

- التَّعَوُّذُ بَعْدَ التَّشَهُّدِ

– Se réfugier auprès de Dieu après le *tashahhud*

9- عَنْ أَبِي هُرَيْرَةَ رَضِيَ اللهُ عَنْهُ قَالَ: قَالَ رَسُولُ اللهِ صَلَّى اللهُ عَلَيْهِ وَسَلَّمَ : « إذا تَشَهَّدَ أَحَدُكُمْ فَلْيَسْتَعِذْ بِاللَّهِ مِنْ أَرْبَعٍ يَقُولُ :

15 Muslim et An-Nasâ'î.

اللَّهُمَّ إِنِّي أَعُوذُ بِكَ مِنْ عَذَابِ جَهَنَّمَ وَمِنْ عَذَابِ الْقَبْرِ وَمِنْ فِتْنَةِ الْمَحْيَا وَالْمَمَاتِ وَمِنْ شَرِّ فِتْنَةِ الْمَسِيحِ الدَّجَّالِ ».

9- D'après Abû Hurayra (ﷺ), l'Envoyé de Dieu (ﷺ) a dit : « Quand l'un d'entre vous prononce le *tashahhud*, qu'il cherche refuge auprès de Dieu contre quatre (choses) ; (Il dira) : Mon Dieu, je me réfugie auprès de Dieu contre le châtiment de la Géhenne, contre le tourment de la tombe, contre l'épreuve de la vie et de la mort et contre l'épreuve funeste du faux messie. »[16]

Allâhumma innî a'ûdhu bika min 'adhâbi jahannama wa min 'adhâbi l-qabri wa min fitnati wa min fitnati l-mahyâ wa l-mamâti wa min sharri fitnati l-masîhi d-dajjâl

16 Ahmad et Muslim.

10- عَنْ عَائِشَةَ رَضِيَ اللَّهُ عَنْهَا أَنَّ رَسُولَ اللَّهِ صَلَّى اللَّهُ عَلَيْهِ وَسَلَّمَ كَانَ يَدْعُو فِي الصَّلَاةِ: « اللَّهُمَّ إِنِّي أَعُوذُ بِكَ مِنْ عَذَابِ الْقَبْرِ، وَأَعُوذُ بِكَ مِنْ فِتْنَةِ الْمَسِيحِ الدَّجَالِ، وَأَعُوذُ بِكَ مِنْ فِتْنَةِ الْمَحْيَا وَفِتْنَةِ الْمَمَاتِ، اللَّهُمَّ إِنِّي أَعُوذُ بِكَ مِنَ الْمَأْثَمِ والمغرَمِ ».

10- D'après 'Â'isha (رضي الله عنها), l'Envoyé de Dieu (ﷺ) prononçait cette parole dans la prière : « Mon Dieu, je me réfugie auprès de Dieu contre le tourment de la tombe, contre l'épreuve de l'Antéchrist et contre celle de la vie et de la mort. Mon Dieu, je me réfugie auprès de Dieu contre les péchés et les dettes. »[17]

Allâhumma innî a'ûdhu bika min 'ad-

17 Al-Bukhârî et Muslim.

hâbi l-qabri wa a'ûdhu bika min fitnati l-maṣîḥi d-dajjâli wa a'ûdhu bika min fitnati l-maḥyâ wa l-mamâti allâhumma innî a'ûdhu bika min l-ma'thami wa l-maghrami

11- عَنْ عَائِشَةَ رَضِيَ اللهُ عَنْهَا أَنَّهَا كَانَتْ تُصَلِّ فَقَالَ لَهَا النَّبِيُّ صَلَّى اللهُ عَلَيْهِ وَسَلَّمَ: « عَلَيْكِ مِنَ الدُّعَاءِ بِالْكَوامِلِ وَالْجَوَامِعِ »، فَلَمَّا انْصَرَفَتْ سَأَلَتْهُ صَلَّى اللَّهُ عَلَيْهِ وَسَلَّمَ عَنْ ذَلِكَ فَقَالَ: قُولِي:

« اللَّهُمَّ إِنِّي أَسْأَلُكَ مِنَ الْخَيْرِ كُلِّهِ عَاجِلِهِ وَآجِلِهِ مَا عَلِمْتُ مِنْهُ وَمَا لَمْ أَعْلَمْ وَأَعُوذُ بِكَ مِنَ الشَّرِّ كُلِّهِ عَاجِلِهِ وَآجِلِهِ مَا عَلِمْتُ مِنْهُ وَمَا لَمْ أَعْلَمْ وَأَسْأَلُكَ الْجَنَّةَ وَمَا قَرَّبَ

إِلَيْهَا مِنْ قَوْلٍ أَوْ عَمَلٍ وَأَعُوذُ بِكَ مِنَ النَّارِ
وَمَا قَرَّبَ إِلَيْهَا مِنْ قَوْلٍ أَوْ عَمَلٍ وَأَسْأَلُكَ
مِنْ خَيْرِ مَا سَأَلَكَ عَبْدُكَ وَرَسُولُكَ مُحَمَّدٌ
وَأَعُوذُ بِكَ مِنَ شَرِّ مَا اسْتَعَاذَكَ مِنْهُ عَبْدُكَ
وَرَسُولُكَ مُحَمَّدٌ وَأَسْأَلُكَ مَا قَضَيْتَ لِي مِنْ
أَمْرٍ أَنْ تَجْعَلَ عَاقِبَتَهُ رَشَدًا ».

11- ‘Â’isha (رضي الله عنها) rapporte qu’elle était en train de prier quand le Prophète (ﷺ) lui dit : « Recours aux invocations à la fois complètes et concises. » Une fois qu’elle eut fini sa prière, elle l’interrogea à ce sujet ; il lui recommanda alors de prononcer ces paroles : « Mon Dieu, je Te demande de m’accorder tout le bien, celui de cette vie et celui de l’au-delà (ou encore présent et à venir), celui que je connais et celui que j’ignore. Je cherche protection auprès de Toi contre tout le mal, celui de cette vie et celui de l'au-delà (ou encore présent et à venir), celui que je connais et celui que j'ignore. Je Te demande l'accès au Paradis et toute parole ou œuvre qui m'en rapprocherait. Je cherche refuge auprès de Toi contre l'Enfer et contre toute parole ou œuvre qui m'en rapprocherait. Je Te prie de m'accorder le bien que Ton serviteur et Prophète T'a demandé et de me préserver du mal dont Ton serviteur et Prophète T'a demandé de le préserver. Je T'implore pour que ce que Tu me prédestines me soit bénéfique. »[18]

Allâhumma innî as'aluka mina l-khayri kullihi 'âjilihi wa 'âjilihi mâ 'alimtu minhu wa mâ lam a'lam wa a'ûdhu bika

---

18 Abû Dâwûd, Ibn Mâjah et Al-Hâkim qui dit : Sa chaîne de transmetteurs est *Sahîh*. Al-Albânî le déclare *Sahîh*.

mina sh-sharri kullihi 'âjilihi wa 'âjilihi mâ 'alimtu minhu wa mâ lam a'lam allâhumma innî as'aluka l-jannata wa mâ qarraba ilayhâ min qawlin aw 'amalin wa a'ûdhu bika mina n-nâri wa mâ qarraba ilayhâ min qawlin aw 'amalin wa as'aluka allâhumma innâ nas'aluka min khayri ma sa'alaka minhu 'abduka wa rasûluka Muhammadun wa na'ûdhu bika min sharri ma sta'âdhaka minhu 'abduka wa rasûluka Muhammadun wa as'aluka mâ qadayta lî min amrin an taj'ala 'âqibtahu rashadan

12- عَنِ ابْنِ عَبَّاسٍ رَضِيَ اللهُ عَنْهُمَا أَنَّ نَبِيَّ اللهِ صَلَّى اللهُ عَلَيْهِ وَسَلَّمَ كَانَ يَتَعَوَّذُ فِي دُبُرِ صَلَاتِهِ مِنْ أَرْبَعٍ يَقُولُ: «أَعُوذُ بِاللَّهِ مِنْ عَذَابِ الْقَبْرِ وَأَعُوذُ بِاللَّهِ مِنْ عَذَابِ النَّارِ وَأَعُوذُ بِاللَّهِ مِنَ الْفِتَنِ مَا ظَهَرَ مِنْهَا وَمَا بَطَنَ

وَأَعُوذُ بِاللَّهِ مِنْ فِتْنَةِ الأَعْوَرِ الْكَذَّابِ » .

12- D'après Ibn 'Abbâs (ﷺ) : Lorsque le Prophète (ﷺ) quand il avait fini la prière, il cherchait refuge auprès de Dieu contre quatre choses ; il disait : « Je me réfugie auprès de Dieu contre le tourment de la tombe, contre le châtiment du Feu, contre les épreuves patentes ou cachées et contre l'épreuve du borgne menteur (l'Antéchrist). »[19]

A'ûdhu billâhi min 'adhâbi l-qabri wa a'ûdhu billâhi min 'adhâbi n-nâri wa a'ûdhu billâhi mina l-fitani mâ dhahara minhâ wa mâ baṯana wa a'ûdhu billâhi min fitnati l-a'wari l-kadh-dhâbi

13- عَنْ أَبِي هُرَيْرَةَ رَضِيَ اللهُ عَنْهُ قَالَ : قَالَ

19 Ahmad, Abû Dâwûd et At-Tabarânî.

رَسُولُ اللهِ صَلَّى اللهُ عَلَيْهِ وَسَلَّمَ لِرَجُلٍ : « مَا تَقُولُ فِي الصَّلَاةِ ؟ » قَالَ : أَتَشَهَّدُ ثُمَّ أَسْأَلُ اللَّهَ الْجَنَّةَ وَأَعُوذُ بِهِ مِنَ النَّارِ أَمَا وَاللَّهِ مَا أُحْسِنُ دَنْدَنَتَكَ وَلَا دَنْدَنَةَ مُعَاذٍ فَقَالَ : « حَوْلَهَا نُدَنْدِنُ »

13- D'après Abû Hurayra, l'Envoyé de Dieu (ﷺ) a dit à un homme : « Que dis-tu dans la prière » Il répondit : Je prononce le *tashahhud* puis je demande à Dieu le Paradis et je me réfugie auprès de Lui contre l'Enfer. Par Dieu, je ne saurais implorer[20] comme toi ou comme Mu'âdh. (Le Prophète (ﷺ)) dit alors : « Nous im-

20 La traduction littérale est : « Je ne saurais marmonner comme toi ou comme Mu'âdh. »

plorons tous la même chose[21]. »[22]

- التَّعَوُّذُ بَعْدَ السَّلَامِ

– Se réfugier auprès de Dieu après la salutation (la fin de la prière)

14- عَنْ سَعْدِ بْنِ أَبِي وَقَّاصٍ رَضِيَ اللهُ عَنْهُ أَنَّهُ كَانَ يُعَلِّمُ بَنِيهِ هَؤُلَاءِ الْكَلِمَاتِ كَمَا يُعَلِّمُ الْمُكْتِبُ الْغِلْمَانَ، وَيَقُولُ: أَنَّ رَسُولَ اللهِ صَلَّى اللهُ عَلَيْهِ وَسَلَّمَ كَانَ يَتَعَوَّذُ بِهِنَّ دُبُرَ الصَّلَاةِ: « اللَّهُمَّ إِنِّي أَعُوذُ بِكَ مِنَ الْجُبْنِ، وَأَعُوذُ بِكَ مِنَ الْبُخْلِ، وَأَعُوذُ بِكَ مِنْ أَرْذَلِ

21 Pour entrer dans le Paradis et éviter l'Enfer, nous implorons Dieu.

22 Abû Dâwûd et Ibn Mâjah. Al-Albânî le déclare Sa<u>h</u>î<u>h</u>.

الْعُمُرِ ، وَأَعُوذُ بِكَ مِنْ فِتْنَةِ الدُّنْيَا ، وَعَذَابِ الْقَبْرِ » .

14- Sa'd Ibn Abî Waqqâs (ﷺ) rapporte qu'il apprenait à ses enfants ces paroles comme le ferait le maître d'école coranique. Il disait : « Après les prières, l'Envoyé de Dieu (ﷺ) se préservait (contre différents maux) en prononçant les mots suivants : « Mon Dieu, je me réfugie auprès de Toi contre l'avarice ; je me réfugie auprès de Toi contre la lâcheté ; je me réfugie auprès de Toi contre la déchéance de l'âge ; je me réfugie auprès de Toi contre les épreuves de ce monde ; je me réfugie auprès de Toi contre l'épreuve de la tombe. »[23]

Allâhumma innî a'ûdhu bika mina l-jubni wa a'ûdhu bika mina l-bukhli wa

23 Al-Bukhârî, At-Tirmidhî et An-Nasâ'î.

a'ûdhu bika min ardhali al-'umuri wa a'ûdhu bika min fitnati d-dunyâ wa a'ûdhu bika min 'adhâbi l-qabri

15- عَنْ أَبِي بَكْرَةَ رَضِيَ اللهُ عَنْهُ أَنَّ النَّبِيَّ صَلَّى اللهُ عَلَيْهِ وَسَلَّمَ كَانَ يَقُولُ فِي دُبُرِ الصَّلَاةِ : « **اللَّهُمَّ إِنِّي أَعُوذُ بِكَ مِنَ الْكُفْرِ وَالْفَقْرِ ، وَعَذَابِ الْقَبْرِ** » .

15- D'après Abû Bakra (ﷺ), le Prophète (ﷺ) prononçait à la fin de chaque prière cette parole : « Mon Dieu, je me réfugie auprès de Toi contre la mécréance, la pauvreté et le châtiment de la tombe. »[24]

---

24 An-Nasâ'î, Ibn Khuzayma et Al-Hâkim qui déclare sa chaîne de transmetteurs *Sahîh*, suivi en cela par Adh-dhahabî. Al-Albânî le déclare *Sahîh* conformément aux conditions de Maulim.

Allâhumma innî a'ûdhu bika mina l-kufri wa l-faqri wa 'adhâbi l-qabri

---

- التَّعَوُّذُ فِي الْوِتْرِ

– Se réfugier auprès de Dieu dans la prière du *witr*[25]

16- عَنْ عَلِيٍّ بْنِ أَبِي طَالِبٍ رَضِيَ اللَّهُ عَنْهُ أَنَّ النَّبِيَّ صَلَّى اللَّهُ عَلَيْهِ وَسَلَّمَ كَانَ يَقُولُ فِي آخِرِ وِتْرِهِ : « **اللَّهُمَّ إِنِّي أَعُوذُ بِرِضَاكَ مِنْ سَخَطِكَ ، وَأَعُوذُ بِمُعَافَاتِكَ مِنْ عُقُوبَتِكَ ، وَأَعُوذُ بِكَ مِنْكَ ، لاَ أُحْصِي ثَنَاءً عَلَيْكَ ، أَنْتَ كَمَا أَثْنَيْتَ عَلَى نَفْسِكَ** » .

16- D'après 'Alî Ibn Abî Ṯâlib (ﷺ), le

---

25 Il s'agit de la prière surérogatoire impaire (une unité de prière) qui clôt les prières de la nuit.

Prophète (ﷺ) prononçait à la fin de la prière dite du *witr* cette parole : « Mon Dieu, je cherche refuge dans Ta satisfaction contre Ton courroux, et dans Ta clémence contre Ton châtiment ; je cherche refuge auprès de Toi contre Toi. Je ne saurais tarir d'éloges sur Toi[26] ; Tu es tel que Tu T'es loué Toi-même[27]. »[28]

Allâhumma innî a'ûdhu bi-ridâka min sakhatika wa a'ûdhu bi-mu'âfâtika min 'uqûbatika wa a'ûdhu bika minka lâ uhsî thanâ'an 'alayka anta kamâ athnayta 'alâ nafsika

26 Au figuré, le verbe *ahsâ yuhsî* signifie parvenir à l'extrémité, à un point qu'il ne reste plus rien ; de là : ne pas tarir d'éloges sur Dieu.

27 C'est-à-dire : Tu es si remarquable qu'on n'en peut dire la valeur.

28 At-Titmidhî qui le qualifie de *hasan gharîb*, Abû Dâwûd, An-Nasâ'î, Ibn Mâjah et Al-Hâkim qui déclare sa chaîne de transmetteurs *Sahîh*, suivi en cela par Adh-dhahabî. Al-Albânî le déclare *Sahîh*.

- مَا يُنْدَبُ إِلَى التَّعَوُّذِ مِنْهُ فِي الصَّلَاةِ

– Des choses contre lesquelles il est recommandé de se réfugier auprès de Dieu dans la prière

17- عَنْ عَائِشَةَ رَضِيَ اللهُ عَنْهَا أَنَّ رَسُولَ اللهِ صَلَّى اللهُ عَلَيْهِ وَسَلَّمَ كَانَ يَدْعُو فِي صَلَاتِهِ فَيَقُولُ : « اللَّهُمَّ إِنِّي أَعُوذُ بِكَ مِنْ شَرِّ مَا عَمِلْتُ وَمِنْ شَرِّ مَا لَمْ أَعْمَلْ » .

17- D'après 'Â'isha (رضي الله عنها), l'Envoyé de Dieu (ﷺ) prononçait cette invocation dans sa prière : « Mon Dieu, je me réfugie auprès de Toi contre le mal que j'ai commis et contre le mal que je n'ai pas commis. »[29]

29 Abû Dâwûd et Muslim.

Allâhumma innî a'ûdhu bika min sharri mâ 'amiltu wa min sharri mâ lam a'mal

18- عَنْ عَائِشَةَ رَضِيَ اللهُ عَنْهَا قَالَتْ : دَخَلَتْ عَلَيَّ عَجُوزَانِ مِنْ عُجُزِ يَهُودِ الْمَدِينَةِ . فَقَالَتَا : إِنَّ أَهْلَ الْقُبُورِ يُعَذَّبُونَ فِي قُبُورِهِمْ . قَالَتْ : فَكَذَّبْتُهُمَا وَلَمْ أُنْعِمْ أَنْ أُصَدِّقَهُمَا فَخَرَجَتَا وَدَخَلَ عَلَيَّ رَسُولُ اللهِ صَلَّى اللهُ عَلَيْهِ وَسَلَّمَ فَقُلْتُ لَهُ : يَا رَسُولَ اللهِ إِنَّ عَجُوزَيْنِ مِنْ عُجُزِ يَهُودِ الْمَدِينَةِ دَخَلَتَا عَلَيَّ فَزَعَمَتَا أَنَّ أَهْلَ الْقُبُورِ يُعَذَّبُونَ فِي قُبُورِهِمْ . فَقَالَ : « **صَدَقَتَا إِنَّهُمْ يُعَذَّبُونَ عَذَابًا تَسْمَعُهُ الْبَهَائِمُ** » . قَالَتْ : « فَمَا رَأَيْتُهُ بَعْدُ فِي صَلَاةٍ إِلَّا يَتَعَوَّذُ مِنْ عَذَابِ الْقَبْرِ » .

18- ‘Â’isha (رضي الله عنها) a dit : « Deux vieilles femmes des juives de Médine vinrent me voir et me dirent : Les habitants des tombes sont torturés dans leurs tombeaux. Je traitai cela de mensonge et je ne voulus pas les croire. Quand elles furent parties, le Prophète (ﷺ) étant venu me voir je lui dis : Ô Envoyé de Dieu, certes deux vieilles... Et je lui racontai la chose. – Elles avaient dit vrai, me répondit-il ; ils seront torturés d’un châtiment tel que les animaux les entendront (gémir). » Depuis ce jour je ne vis jamais le Prophète (ﷺ) faire une prière sans se réfugier ensuite auprès de Dieu contre le châtiment de la tombe. »[30]

19- عَنْ أَبِي هُرَيْرَةَ رَضِيَ اللهُ عَنْهُ قَالَ : مَا صَلَّى نَبِيُّ اللهِ صَلَّى اللهُ عَلَيْهِ وَسَلَّمَ أَرْبَعًا أَوْ

30 Al-Bukhârî et Muslim.

اثْنَتَيْنِ إِلَّا سَمِعْتُهُ يَدْعُو : « اللَّهُمَّ إِنِّي أَعُوذُ بِكَ مِنْ عَذَابِ النَّارِ ، وَمِنْ عَذابِ الْقَبْرِ ، وَمِنْ فِتْنَةِ الصَّدْرِ ، وَسُوءِ الْمَحْيَا وَالْمَمَاتِ ».

19- Abû Hurayra (ﷺ) a dit : J'ai toujours entendu le Prophète (ﷺ), qu'il accomplisse une prière de quatre unités ou de deux, prononcer cette invocation : « Mon Dieu, je me réfugie auprès de Toi contre le châtiment du Feu, contre le tourment de la tombe, contre l'épreuve de la poitrine (*fitnat as-sadr*)[31] et les épreuves de la vie et de la mort. »[32]

---

31 Cela désigne ce que renferme le cœur comme mépris, jalousie, mauvais caractère, mauvaise croyance. On a également dit que par *fitnat as-sadr*, il faut entendre le fait de mourir sans s'être repenti. On a aussi dit : Il s'agit de la mort spirituelle du cœur et sa corruption.

32 Ahmad et Ibn Hibbân.

Allâhumma innî a'ûdhu bika min 'adhâbi n-nâri wa min 'adhâbi l-qabri wa min fitnat as-sadri wa sû'i l-mahyâ wa l-mamâti

---

- التَّعَوُّذُ عِنْدَ الْوَسْوَسَةِ فِي الصَّلَاةِ

– Se réfugier auprès de Dieu contre les suggestions (de Satan) dans la prière

---

20 - عَنْ عُثْمَانَ بْنِ أَبِي الْعَاصِ رَضِيَ اللهُ عَنْه أَنَّهُ قَالَ : يَا رَسُولَ اللَّهِ إِنَّ الشَّيْطَانَ قَدْ حَالَ بَيْنِي وَبَيْنَ صَلَاتِي وَقِرَاءَتِي يَلْبِسُهَا عَلَيَّ فَقَالَ رَسُولُ اللهِ صَلَّى اللهُ عَلَيْهِ وَسَلَّمَ : « ذَاكَ شَيْطَانٌ ، يُقَالَ لَهُ : خِنْزَبٌ ، فَإِذَا أَحْسَسْتَهُ ، فَتَعَوَّذْ بِاللهِ مِنْهُ ، وَاتْفُلْ عَلَى يَسَارِكَ ثَلَاثًا »

قَالَ: فَفَعَلْتُ ذَلِكَ فَأَذْهَبَهُ اللَّهُ عَنِّي .

20- 'Uthmân Ibn Abî Al-'Âs (﵁) rapporte avoir dit : « Ô Messager de Dieu ! Un démon s'est interposé entre ma prière et moi ; il m'induit en erreur dans ma lecture (du Coran). L'Envoyé de Dieu (ﷺ) lui dit : « Il s'agit d'un démon appelé Khinzab ; quand tu sens ses suggestions, réfugie-toi auprès de Dieu contre lui, puis crachote sur le côté gauche (trois fois). » (Le Compagnon) dit : Je l'ai fait, et Dieu m'en a débarrassé. »[33]

- التَّعَوُّذُ فِي خُطْبَةِ الْجُمُعَةِ

– Se réfugier auprès de Dieu lorsqu'on prononce le sermon du vendredi

21- عَنْ عَبْدِ اللَّهِ بْنِ مَسْعُودٍ رَضِيَ اللَّهُ عَنْهُ

33 Ahmad et Muslim.

قَالَ: عَلَّمَنَا رَسُولُ اللَّهِ صَلَّى اللَّهُ عَلَيْهِ وَسَلَّمَ خُطْبَةَ الْحَاجَةِ: «أَنْ الْحَمْدُ لِلَّهِ نَسْتَعِينُهُ وَنَسْتَغْفِرُهُ وَنَعُوذُ بِهِ مِنْ شُرُورِ أَنْفُسِنَا مَنْ يَهْدِ اللَّهُ فَلَا مُضِلَّ لَهُ وَمَنْ يُضْلِلْ فَلَا هَادِيَ لَهُ وَأَشْهَدُ أَنْ لَا إِلَهَ إِلَّا اللَّهُ وَأَشْهَدُ أَنَّ مُحَمَّدًا عَبْدُهُ وَرَسُولُهُ يَا أَيُّهَا الَّذِينَ آمَنُوا {اتَّقُوا اللَّهَ الَّذِي تَسَاءَلُونَ بِهِ وَالْأَرْحَامَ إِنَّ اللَّهَ كَانَ عَلَيْكُمْ رَقِيبًا}

{يَا أَيُّهَا الَّذِينَ آمَنُوا اتَّقُوا اللَّهَ حَقَّ تُقَاتِهِ وَلَا تَمُوتُنَّ إِلَّا وَأَنْتُمْ مُسْلِمُونَ}

{يَا أَيُّهَا الَّذِينَ آمَنُوا اتَّقُوا اللَّهَ وَقُولُوا قَوْلًا سَدِيدًا يُصْلِحْ لَكُمْ أَعْمَالَكُمْ وَيَغْفِرْ لَكُمْ

ذُنُوبَكُمْ وَمَنْ يُطِعِ اللَّهَ وَرَسُولَهُ فَقَدْ فَازَ فَوْزًا عَظِيمًا}.

21- ‘Abd Allâh Ibn Mas‘ûd (﵁) a dit : L’Envoyé de Dieu (ﷺ) nous a enseigné le discours dit « de la demande » (*khut̲bat al-h̲âja*) : « *La louange revient à Dieu, Auquel nous demandons assistance et pardon ; nous Lui demandons de nous protéger des méfaits de nos âmes et de nos mauvaises actions. Celui qui est guidé par Dieu, nul ne peut l’égarer ; et celui que Dieu égare, nul ne peut le guider. Je témoigne qu’il n’y a de dieu que Dieu, l’Unique qui est sans associé, et je témoigne que Muh̲ammad est Son Serviteur et Son Envoyé*. Puis l’on ajoute à ce discours la récitation des versets du Livre de Dieu suivants : {*Vous qui croyez, prémunissez-vous envers Dieu de Son prémunir véritable. Puissiez-vous ne mou-*

rir qu'en professant l'islam} (Sourate 3 ; verset 106), {*Humains, prémunissez-vous envers votre Seigneur. Il vous a créés d'une âme unique, dont Il tira pour celle-ci une épouse ; et de l'une et de l'autre Il a répandu des hommes en nombre, et des femmes. Prémunissez-vous envers Dieu, au Nom duquel vous contractez des engagements mutuels, et aussi envers les liens du sang. Que Dieu soit là-dessus votre Surveillant*} (Sourate 4 ; verset 1), {*Vous qui croyez, prémunissez-vous envers Dieu, ne tenez que le propos adéquat, qu'Il réforme vos actions, qu'Il vous pardonne vos péchés. Quiconque obéit à Dieu, à l'Envoyé, connaît le triomphe insigne.*} (Sourate 33 ; versets 71-72).[34]

Al-hamdu lillâhi nasta'înuhu wa nastaghfiruhu wa na'ûdhu billâhi min shu-

34 Abû Dâwûd, At-Tirmidhî qui le qualifie de *hadîth hasan*, et An-Nasâ'î. Al-Albânî le déclare Sahîh.

rûri anfusinâ man yahdi l-lâhu fa lâ mu<u>d</u>illa lahu wa man yu<u>d</u>lil fa lâ hâdiya lahu wa ashhadu allâ ilâha illa l-lâh wa ashhadu anna Mu<u>h</u>ammadan 'abduhu wa rasûluhu yâ ayyuhâ l-ladhîna âmanû t-taqû l-lâha l-ladhî tasâ'alûna bihi wa l-ar<u>h</u>âma inna l-lâha kâna 'alaykum raqîban

Yâ ayyuhâ l-ladhîna âmanû t-taqû l-lâha <u>h</u>aqqa tuqâtihi wa lâ tamûtunna illâ wa antum muslimûna

Yâ ayyuha l-ladhîna âmanû t-taqû l-lâha wa qulû qawlan sadîdâ Yu<u>s</u>li<u>h</u> lakum a'mâlakum wa yaghfir lakum dhunûbakum wa man yu<u>t</u>i'i l-lâha wa rasûlahu fa-qad fâza fawzan 'a<u>dh</u>îman

بَابُ التَّعَوُّذِ فِي الصَّبَاحِ وَالْمَسَاءِ

Chapitre : Se réfugier auprès de Dieu le matin et le soir

22- عَنْ أَبِي هُرَيْرَةَ رَضِيَ اللَّهُ عَنْهُ ، أَنَّ أَبَا بَكْرٍ الصِّدِّيقَ رَضِيَ اللَّهُ عَنْهُ ، قَالَ : يَا رَسُولَ اللَّهِ ، مُرْنِي بِكَلِمَاتٍ أَقُولُهُنَّ إِذَا أَصْبَحْتُ وَإِذَا أَمْسَيْتُ . قَالَ : قُلْ : « اللَّهُمَّ فَاطِرَ السَّمَوَاتِ وَالأَرْضِ عَالِمَ الْغَيْبِ وَالشَّهَادَةِ رَبَّ كُلِّ شَيْءٍ وَمَلِيكَهُ أَشْهَدُ أَنْ لَا إِلَهَ إِلَّا أَنْتَ أَعُوذُ بِكَ مِنْ شَرِّ نَفْسِي وَشَرِّ الشَّيْطَانِ وَشِرْكِهِ قَالَ : قُلْهَا إِذَا أَصْبَحْتَ

وَإِذَا أَمْسَيْتَ وَإِذَا أَخَذْتَ مَضْجَعَكَ » .

22- D'après Abû Hurayra (ﷺ), Abû Bakr As-Siddîq (ﷺ) a dit : Ô Messager de Dieu, apprends-moi des paroles que je dirai le matin et le soir. Il dit : « Dis : Créateur des cieux et de la terre ; Connaisseur de l'insondable comme de l'apparent ; Seigneur de toute chose et Propriétaire (de toute chose) ; j'atteste qu'il n'est de dieu que Dieu et que Muhammad est Son serviteur et messager ; je me réfugie auprès de Toi contre le mal qui émane de ma propre personne et contre celui de Satan et contre son association (à Dieu d'autres créatures). » « Prononce (cette parole) le matin quand tu te lèves et le soir quand tu te couches. »[35]

---

35 Ahmad, Abû Dâwûd et At-Tirmidhî qui le qualifie de *hadîth hasan Sahîh*. Al-Albânî le déclare *Sahîh*.

Allâhumma fâṯira s-samâwâti wa l-arḏi ‘âlima l-ghaybi wa sh-shahâdati rabba kulli shay’in wa malîkahu ashhadu an lâ ilâha illâ anta a‘ûdhu bika min sharri nafsî wa min sharri sh-shayṯâni wa shirkihi

23- عَنْ أَبِي مَالِكٍ الْأَشْعَرِي رَضِيَ اللهُ عَنْهُ قَالَ: أَمَرَنَا رَسُولُ اللَّهِ صَلَّى اللَّهُ عَلَيْهِ وَسَلَّمَ أَنْ نَقُولَ إِذَا أَصْبَحْنَا، وَإِذَا أَمْسَيْنَا، وَإِذَا اضْطَجَعْنَا على فُرُشِنَا: « اللَّهُمَّ فَاطِرَ السَّمَوَاتِ وَالْأَرْضِ عَالِمَ الْغَيْبِ وَالشَّهَادَةِ أَنْتَ رَبُّ كُلِّ شَيْءٍ وَالْمَلَائِكَةُ يَشْهَدُونَ أَنَّكَ لَا إِلَهَ إِلَّا أَنْتَ فَإِنَّا نَعُوذُ بِكَ مِنْ شَرِّ أَنْفُسِنَا وَمِنْ شَرِّ الشَّيْطَانِ الرَّجِيمِ وَشِرْكِهِ وَأَنْ نَقْتَرِفَ سُوءًا عَلَى أَنْفُسِنَا أَوْ نَجُرَّهُ إِلَى مُسْلِمٍ ».

23- Abû Mâlik Al-Ash'arî (ﷺ) a dit : « L'Envoyé de Dieu (ﷺ) nous a appris cette parole à dire le matin (au lever) et le soir (au coucher) : « Mon Dieu, Créateur des cieux et de la terre ; Connaisseur de l'invisible (et de l'absence), du visible (et de la présence) ; Seigneur et Possesseur de toutes choses, les anges attestent qu'il n'est de dieu que Toi ; j'atteste qu'il n'est de dieu que Toi ; nous cherchons refuge auprès de Toi contre le mal engendré par nos âmes, le mal engendré par Satan et son (appel à l') associationnisme[36], et contre le mal que nous pourrions causer à nous-mêmes ou à tout musulman. »[37]

Allâhumma fâṯira s-samâwâti wa l-arḏi

---

36 C'est-à-dire : son appel à associer d'autres divinités à Dieu ; ou bien, en lisant *sharak* au lieu de *shirk* : « et les pièges qu'il tend (aux hommes pour les séduire) ».

37 Abû Dâwûd et Aṯ-Ṯabarânî.

'âlima l-ghaybi wa sh-shahâdati anta rabbu kulli shay'in wa l-malâ'katu yashhadûn annaka lâ ilâha illâ anta fa-innâ na'ûdhu bika min sharri anfusinâ wa min sharri sh-shayṯâni r-rajîmi wa shirkihi wa an naqtarifa sû'an 'alâ anfusinâ aw najurrahu îlâ muslimin

24- عَنْ عَبْدِ اللَّهِ بْنِ مَسْعُودٍ رَضِيَ اللهُ عَنْهُ قَالَ كَانَ رَسُولُ اللَّهِ صَلَّى اللَّهُ عَلَيْهِ وَسَلَّمَ إِذَا أَمْسَى قَالَ: «أَمْسَيْنَا وأَمْسَى المُلْكُ للهِ، والحَمْدُ للهِ، لا إِلَهَ إِلاَّ اللَّهُ وَحْدَهُ لاَ شَرِيكَ لَهُ، لَهُ المُلْكُ وَلَهُ الحَمْدُ وَهُوَ عَلَى كُلِّ شَيْءٍ قَدِيرٌ، رَبِّ أَسْأَلُكَ خَيْرَ مَا فِي هَذِهِ اللَّيْلَةِ وَخَيْرَ مَا بَعْدَهَا، وَأَعُوذُ بِكَ مِنْ شَرِّ مَا فِي هَذِهِ اللَّيْلَةِ وَشَرِّ مَا بَعْدَهَا، رَبِّ أَعُوذُ بِكَ مِنَ الكَسَلِ،

وَسُوءِ الْكِبَرِ، رَبِّ أَعُوذُ بِكَ مِنْ عَذَابٍ فِي النَّارِ، وَعَذَابٍ فِي القَبْرِ »، وَإِذَا أَصْبَحَ قَالَ ذَلِكَ أَيْضاً : « أَصْبَحْنَا وأَصْبَحَ المُلْكُ للهِ ».

24- D'après 'Abd Allâh Ibn Mas'ûd (ﷺ), l'Envoyé de Dieu (ﷺ), lorsqu'il entrait dans l'heure du soir, disait : « Nous nous trouvons au soir, et à cette heure le Royaume appartient à Dieu ; à Dieu revient la louange de cela. Il n'est de dieu que Dieu, l'Unique, qui n'a point d'associé, à Lui le Royaume ; à Lui la louange ; Il est puissant en toutes choses. Seigneur, je Te demande de m'accorder le bien que comporte cette nuit et le bien que comportent les nuits qui viendront après elle ; et je cherche refuge auprès de Toi contre le mal qui réside dans cette nuit et le mal qui réside dans les nuits qui viendront après elle. Mon Seigneur, je cherche refuge auprès de Toi contre la paresse et la déchéance de l'âge ; et je me réfugie auprès de Toi contre tout châtiment dans l'Enfer et contre tout châtiment dans la tombe » –, et lorsqu'il se trouvait au matin : « Nous nous trouvons au matin, et à cette heure le Royaume appartient à Dieu… »[38]

Amsaynâ wa amsa (asbahnâ wa asbaha) l-mulku lillâhi wa l-hamdu lillâhi wa lâ ilâha illa l-lâhu wahdahu lâ sharîka lahu lahu l-mulku wa lahu l-hamdu wa huwwa 'alâ kulli shay'in qadîr rabbi as'aluka khayra hâdîhi l-laylati wa khayra ma ba'dahâ wa a'ûdhu bika min sharri hâdîhi l-laylati wa sharri ma ba'dahâ rabbi a'ûdhu bika mina l-kasali wa sû'i l-kibari rabbi a'ûdhu bika min 'adhâbin fi n-nâri wa 'adhâbin fi l-qabri

38 Muslim, Abû Dâwûd et Ibn Hibbân.

- وَفِي رِوَايَةٍ : « اللَّهُمَّ إِنِّي أَسْأَلُكَ مِنْ خَيْرِ هَذِهِ اللَّيْلَةِ وَخَيْرِ مَا فِيهَا ، وَأَعُوذُ بِكَ مِنْ شَرِّهَا وَشَرِّ مَا فِيهَا ، اللَّهُمَّ إِنِّي أَعُوذُ بِكَ مِنَ الْكَسَلِ ، وَالْهَرَمِ ، وَسُوءِ الْكِبَرِ ، وَفِتْنَةِ الدُّنْيَا ، وَعَذَابِ الْقَبْرِ .

Dans une autre version : « Mon Dieu, je Te demande le bien que comporte cette nuit ; et je me réfugie auprès de Toi contre le mal que comporte cette nuit ; Mon Dieu, je me réfugie auprès de Toi contre la paresse, contre la décrépitude, la déchéance de l'âge, les épreuves de la vie ici-bas et le châtiment de la tombe. »

Allâhumma innî as'aluka min khayri hâdîhi l-laylati wa khayri mâ fîhâ wa a'ûdhu bika min sharrihâ wa sharri mâ fîhâ allâhumma innî a'ûdhu bika mina l-

kasali wa l-harami wa sû'i l-kibari wa fitnati d-dunyâ wa 'adhâbi l-qabri

- وَفِي رِوَايَةٍ « وَأَعُوذُ بِكَ مِنَ الْكَسَلِ، وَالْهَرَمِ، وَسُوءِ الْعُمرِ، وَفِتْنَةِ الدَّجالِ، وَعَذَابِ الْقَبْرِ »

Dans une autre version encore : « Je me réfugie auprès de Toi contre la paresse, la décrépitude, la déchéance de l'âge, l'épreuve de faux messie et le châtiment de la tombe. »

Wa a'ûdhu bika mina l-kasali wa l-harami wa sû'i l-'umuri wa fitnati d-dajjâli wa 'adhâbi l-qabri

25- عَنْ عَبْدِ الرَّحْمَنِ بْنُ أَبِي بَكْرَةَ أَنَّهُ قَالَ لِأَبِيهِ: يَا أَبَتِ إِنِّي أَسْمَعُكَ تَقُولُ: « اللَّهُمَّ

عَافِنِي فِي بَدَنِي ، اللَّهُمَّ عَافِنِي فِي سَمْعِي ، اللَّهُمَّ عَافِنِي فِي بَصَرِي ، لاَ إِلَهَ إِلاَّ أَنْتَ ، تُعِيدُهَا ثَلاَثًا حِينَ تُصْبِحُ ، وَثَلاَثًا حِينَ تُمْسِي ، وَتَقُولُ : اللَّهُمَّ إِنِّي أَعُوذُ بِكَ مِنَ الْكُفْرِ وَالْفَقْرِ ، اللَّهُمَّ إِنِّي أَعُوذُ بِكَ مِنْ عَذَابِ الْقَبْرِ ، لاَ إِلَهَ إِلاَّ أَنْتَ ، تُعِيدُهَا حِينَ تُصْبِحُ ثَلاَثًا ، وَثَلاَثًا حِينَ تُمْسِي ، قَالَ : نَعَمْ يَا بُنَيَّ ، إِنِّي سَمِعْتُ النَّبِيَّ صَلَّى اللهُ عَلَيْهِ وَسَلَّمَ يَدْعُو بِهِنَّ ، فَأُحِبُّ أَنْ أَسْتَنَّ بِسُنَّتِهِ » .

25- ‘Abd Ar-Rahmân Ibn Abî Bakra rapporte avoir dit à son père : Ô père, je t’entends prononcer ces paroles : « Mon Dieu, préserve la santé de mon corps ; Mon Dieu, préserve la santé de mon ouïe ; Mon Dieu, préserve la santé de ma vue ; il n'est de dieu que Toi » Tu les répètes trois fois le matin et trois fois le soir. Puis tu dis : « Mon Dieu, je me réfugie auprès de Toi contre la mécréance et la pauvreté ; Mon Dieu, je me réfugie auprès de Toi contre le châtiment de la tombe ; il n'est de dieu que Toi. » Tu la répètes trois fois le matin et trois fois le soir. Il[39] dit : « J'ai entendu le Prophète (ﷺ) les prononcer dans ses invocations ; or j'aime me conformer à sa *sunna*. »[40]

Allâhumma 'âfinî fî badanî allâhumma 'âfinî fî sam'î allâhumma 'âfinî fî basarî lâ ilâha illâ anta allâhumma innî a'ûdhu bika mina l-kufri wa l-faqri allâhumma innî a'ûdhu bika min 'adhâbi l-qabri lâ

---

39 Le compagnon Abû Bakra, le père de 'Abd Ar-Rahmân.

40 Ahmad, Abû Dâwûd et An-Nasâ'î. Al-Hâfidh le déclare *hasan*. Al-Albânî déclare que sa chaîne de transmetteurs dans les hadîth qui témoignent en sa faveur est *lâ ba'sa bih* (acceptable).

ilâha illâ anta

26- عَنْ شَدَّادِ بْنِ أَوْسٍ رَضِيَ اللهُ عَنْهُ عَنِ النَّبِيِّ صَلَّى اللهُ عَلَيْهِ وَسَلَّمَ: سَيِّدُ الاسْتِغْفَارِ أَنْ تَقُولَ: « اللَّهُمَّ أَنْتَ رَبِّي لَا إِلَهَ إِلَّا أَنْتَ خَلَقْتَنِي وَأَنَا عَبْدُكَ وَأَنَا عَلَى عَهْدِكَ وَوَعْدِكَ مَا اسْتَطَعْتُ أَعُوذُ بِكَ مِنْ شَرِّ مَا صَنَعْتُ أَبُوءُ لَكَ بِنِعْمَتِكَ عَلَيَّ وَأَبُوءُ لَكَ بِذَنْبِي فَاغْفِرْ لِي فَإِنَّهُ لَا يَغْفِرُ الذُّنُوبَ إِلَّا أَنْتَ قَالَ وَمَنْ قَالَهَا مِنَ النَّهَارِ مُوقِنًا بِهَا فَمَاتَ مِنْ يَوْمِهِ قَبْلَ أَنْ يُمْسِيَ فَهُوَ مِنْ أَهْلِ الْجَنَّةِ وَمَنْ قَالَهَا مِنَ اللَّيْلِ وَهُوَ مُوقِنٌ بِهَا فَمَاتَ قَبْلَ أَنْ يُصْبِحَ فَهُوَ مِنْ أَهْلِ الْجَنَّةِ ».

26- Shaddâd Ibn Aws (رضي الله عنه) rapporte

que le Prophète (ﷺ) a dit : « La formule maîtresse pour demander pardon (à Dieu) consiste à dire : « Mon Dieu, Tu es mon Seigneur, il n'est de dieu que Toi ; Tu m'as créé et je suis Ton adorateur ; je serais fidèle à Ton pacte et à Ta promesse autant que je le puis ; je me réfugie auprès de Toi contre le mal que j'ai fait ; je reconnais les faveurs dont Tu m'as gratifié et je reconnais mon péché. Pardonne-moi, car nul autre que Toi ne pardonne les péchés. » « Quiconque aura prononcé ces mots avec conviction au cours de la journée et qui mourra le même jour, avant la nuit, sera au nombre des gens du Paradis. Quiconque aura prononcé ces mots avec conviction au cours de la nuit et qui mourra avant que le jour ne se lève, sera au nombre des gens du Paradis. »[41]

---

41 Al-Bukhârî, Abû Dâwûd, et Ibn Hibbân.

Allâhumma anta rabbî lâ ilâha illâ anta khalaqtanî wa anâ 'abduka wa anâ 'alâ 'ahdika wa wa'dika ma-staṯa'tu a'ûdhu bika min sharri mâ ṣana'tu abû'u laka bi-ni'matika 'alayya wa abû'u bi-dhanbî fa-ghfir lî fa'innahu lâ yaghfiru dh-dhunûba illâ anta

27- عَنْ أَبِي هُرَيْرَةَ رَضِيَ اللهُ عَنْه أَنَّ النَّبِيَّ صَلَّى اللهُ عَلَيْهِ وَسَلَّمَ قَالَ : « مَنْ قَالَ حِينَ يُمْسِي : أَعُوذُ بِكَلِمَاتِ اللهِ التَّامَّاتِ مِنْ شَرِّ مَا خلَقَ ، ثَلاثَ مَرَّاتٍ ، لَمْ تَضُرَّهُ حَيَّةٌ إِلَى الصَّبَاحِ » .

27- D'après Abû Hurayra (ﷺ), le Prophète (ﷺ) a dit : « Celui qui dit trois fois le soir : « Je cherche refuge dans les paroles parfaites de Dieu contre le mal causé par ce qu'Il a créé » aucun serpent ne pourra lui causer du tort jusqu'au matin.[42]

A'ûdhu bi-kalimâti l-lâhi t-tâmmâti min sharri mâ khalaqa

28- عَنْ أَبِي مَالِكٍ الْأَشْعَرِيِّ رَضِيَ اللهُ عَنْه أَنَّ رَسُولَ اللهِ صَلَّى اللهُ عَلَيْهِ وَسَلَّمَ قَالَ: « إِذَا أَصْبَحَ أَحَدُكُمْ فَلْيَقُلْ أَصْبَحْنَا وَأَصْبَحَ الْمُلْكُ لِلَّهِ رَبِّ الْعَالَمِينَ اللَّهُمَّ إِنِّي أَسْأَلُكَ خَيْرَ هَذَا الْيَوْمِ فَتْحَهُ وَنَصْرَهُ وَنُورَهُ وَبَرَكَتَهُ وَهُدَاهُ وَأَعُوذُ بِكَ مِنْ شَرِّ مَا فِيهِ وَشَرِّ مَا بَعْدَهُ ثُمَّ إِذَا أَمْسَى فَلْيَقُلْ مِثْلَ ذَلِكَ ».

28- D'après Abû Mâlik Al-Ash'arî (ﷺ), l'Envoyé de Dieu (ﷺ) a dit : « Quand

42 An-Nasâ'î et Ibn Hibbân, et Al-Hâkim qui le qualifie de *hadîth Sahîh*. Al-Albânî le déclare *Sahîh*.

l'un d'entre vous se lève le matin, qu'il dise : « Nous voici le matin, et ce matin le royaume appartient à Dieu le Seigneur des mondes. Mon Dieu, je Te demande de m'accorder le bien que comporte ce jour : la victoire, la lumière, la bénédiction et la bonne Direction ; et je cherche refuge auprès de Toi contre le mal qui réside dans cette nuit et le mal qui réside dans les nuits qui viendront après elle. » Et qu'il dise la même chose le soir. »[43]

A<u>s</u>ba<u>h</u>nâ wa a<u>s</u>ba<u>h</u>a l-mulku li-llâhi rabbi l-'âlamîna allâhumma innî as'aluka khayra hâdha l-yawmi fat<u>h</u>ahu wa na<u>s</u>rahu wa nûrahu wa barakatahu wa hudâhu wa a'ûdhu bika min sharri mâ fîhi wa sharri mâ ba'dah

29- عَنْ عَبْدِ اللَّهِ بْنِ الْقَاسِمِ قَالَ : حَدَّثَتْنِي

43 Abû Dâwûd et A<u>t</u>-<u>T</u>abarânî. Al-Albânî le déclare *<u>h</u>asan*.

جَارَةٌ لِلنَّبِيِّ صَلَّى اللَّهُ عَلَيْهِ وَسَلَّمَ أَنَّهَا كَانَتْ تَسْمَعُ رَسُولَ اللَّهِ صَلَّى اللَّهُ عَلَيْهِ وَسَلَّمَ يَقُولُ عِنْدَ طُلُوعِ الْفَجْرِ : « **اللَّهُمَّ إِنِّي أَعُوذُ بِكَ مِنْ عَذَابِ الْقَبْرِ ، وَمِنْ فِتْنَةِ الْقَبْرِ** ».

29- ʻAbd Allâh Ibn Al-Qâsim rapporte qu'une voisine du Prophète (ﷺ) lui a dit avoir entendu l'Envoyé de Dieu (ﷺ) dire au lever de l'aube : « Mon Dieu, je me réfugie auprès de Toi contre le châtiment de la tombe et contre l'épreuve de la tombe. »[44]

Allâhumma innî aʻûdhu bika min ʻadhâbi l-qabri wa min fitnati l-qabri

---

44 Ahmad, Al-Haythamî qui qualifie ses narrateurs de sûrs, et As-Suyûtî.

بَابُ التَّعَوُّذِ عِنْدَ النَّوْمِ

Chapitre : Se réfugier auprès de Dieu au moment de s'endormir

- التَّعَوُّذُ إِذَا أَخَذَ مَضْجَعَهُ

– Se réfugier auprès de Dieu au moment de se mettre au lit

30- عَنْ ابْنِ عُمَرَ رَضِيَ اللهُ عَنْهُمَا أَنَّ النَّبِيَّ صَلَّى اللهُ عَلَيْهِ وَسَلَّمَ كَانَ إِذَا أَخَذَ مَضْجَعَهُ قَالَ : « الْحَمْدُ لِلَّهِ الَّذِي كَفَانِي وَآوَانِي وَأَطْعَمَنِي وَسَقَانِي وَالَّذِي مَنَّ عَلَيَّ فَأَفْضَلَ وَالَّذِي أَعْطَانِي فَأَجْزَلَ الْحَمْدُ لِلَّهِ عَلَى كُلِّ حَالٍ اللَّهُمَّ رَبَّ كُلِّ شَيْءٍ وَمَلِيكَهُ وَإِلَهَ كُلِّ

شَيْءٍ أَعُوذُ بِكَ مِنَ النَّارِ ».

30- D'après Ibn 'Umar (ﷺ), quand le Prophète (ﷺ) se mettait au lit (le soir), il disait : « La louange est à Dieu qui a suffi à mes besoins, m'a abrité, m'a nourri, m'a abreuvé, m'a comblé de Ses faveurs et m'a donné avec largesse ; louange à Dieu en toute situation (tout état) ; Seigneur, Possesseur et Dieu de toutes choses, je me réfugie auprès de Toi contre l'Enfer. »[45]

Al-hamdu lillâhi l-ladhî kafânî wa âwânî wa at'amanî wa saqânî wa l-ladhî manna 'alayya fa-afdala wa l-ladhî a'tânî fa-ajzala al-hamdu lillâhi 'alâ kulli hâlin allâhumma rabba kulli shay'in wa malîkahu a'ûdhu bika mina n-nâri

45 Ahmad, Abû Dâwûd et An-Nasâ'î. Al-Albânî déclare que sa chaîne de transmetteurs est *Sahîh*.

31- عَنْ أَبِي هُرَيْرَةَ رَضِيَ اللهُ عَنه أَنَّ النَّبِيَّ صَلَّى اللهُ عَلَيْهِ وَسَلَّمَ كَانَ يَقُولُ إِذَا أَوَى إِلَى فِرَاشِهِ : « اللَّهُمَّ رَبَّ السَّمَوَاتِ وَرَبَّ الأَرْضِ وَرَبَّ كُلِّ شَيْءٍ فَالِقَ الحَبِّ وَالنَّوَى مُنَزِّلَ التَّوْرَاةِ وَالإِنْجِيلِ وَالقُرْآنِ أَعُوذُ بِكَ مِنْ شَرِّ كُلِّ ذِي شَرٍّ أَنْتَ آخِذٌ بِنَاصِيَتِهِ أَنْتَ الأَوَّلُ فَلَيْسَ قَبْلَكَ شَيْءٌ وَأَنْتَ الآخِرُ فَلَيْسَ بَعْدَكَ شَيْءٌ وَأَنْتَ الظَّاهِرُ فَلَيْسَ فَوْقَكَ شَيْءٌ وَأَنْتَ البَاطِنُ فَلَيْسَ دُونَكَ شَيْءٌ اقْضِ عَنِّي الدَّيْنَ وَأَغْنِنِي مِنَ الفَقْرِ ».

31- D'après Abû Hurayra (﵁), quand le Prophète (ﷺ) se mettait au lit, il disait : « Mon Dieu, Seigneur des cieux et Seigneur de la terre, Seigneur du Trône glorieux, Notre Seigneur et Le Seigneur de toute chose, Celui qui fend la graine et le noyau, qui a révélé la Thora, l'Évangile et le Coran, je Te demande de me préserver du mal de tout être nuisible dont Tu détiens le sort. Tu es le Premier et rien n'était avant Toi. Tu es l'Apparent et rien n'est au-dessus de Toi et Tu es le Caché et rien ne saurait être sans Toi. Acquitte pour nous nos dettes et rends-nous souverains envers la pauvreté »[46]

Allâhumma rabba s-samâwâti wa rabba l-ardi wa rabba kulli shay'in fâliqa l-habbi wa n-nawâ munazzila t-tawrâti wa l-injîli wa l-qur'âni a'ûdhu bika min sharri kulli dhî sharrin anta âkhidun bi-nâsiyatihi anta l-'awwalu falaysa qablaka shay'un wa anta l-'âkhiru falaysa ba'daka shay'un wa anta dh-dhâhiru falaysa

46 Abû Dâwûd, At-Tirmidhî qui le qualifie de *hasan Sahîh*, et Ibn Mâjah. Al-Albânî le déclare *Sahîh*.

fawqaka shay'un wa anta l-bâṯinu falaysa dûnaka shay'un iqḏi 'annî d-dayna wa aghninî mina l-faqri

---

- التَّعَوُّذُ إِذَا قَلِقَ فِي فِرَاشِهِ فَلَمْ يَنَمْ ، أَوْ كَانَ يَفْزَعُ فِي نَوْمِهِ

– Se réfugier auprès de Dieu à cause d'une insomnie ou d'un cauchemar

---

32- عَنْ عَبْدِ اللهِ بْنِ عَمْرِو بْنِ الْعَاصِ رَضِيَ اللهُ عَنهما قالَ : كَانَ رَسُولَ اللهِ صَلَّى اللهُ عَلَيْهِ وَسَلَّمَ يُعَلِّمُنَا كَلِمَاتٍ نَقُولُهُنَّ عِنْدَ النَّوْمِ مِنَ الْفَزَعِ : « **بِسْمِ اللَّهِ أَعُوذُ بِكَلِمَاتِ اللَّهِ التَّامَّاتِ مِنْ غَضَبِهِ وَعِقَابِهِ وَشَرِّ عِبَادِهِ وَمِنْ هَمَزَاتِ الشَّيَاطِينِ وَأَنْ يَحْضُرُونِ** » .

32- 'Abd Allâh Ibn 'Amr Ibn Al-'Âs̲ (رضي الله عنهما)

a dit : L'Envoyé de Dieu (ﷺ) nous apprenait cette parole à dire si on était réveillé effrayés par un cauchemar : « Je prends refuge en les paroles parfaites de Dieu contre Son courroux, Son châtiment, le mal de Ses créatures, les séductions des démons et pour qu'ils ne se présentent pas à moi. »[47]

A'ûdhu bi-kalimâti l-lâhi t-tâmmâti min gha<u>*d*</u>*abihi wa 'iqâbihi wa sharri 'ibâdihi wa min hamazâti sh-shayâ*<u>*t*</u>*îni wa an ya-*<u>*hd*</u>*urûn*

33- عَنْ خَالِدِ بْنِ الْوَلِيدِ رَضِيَ اللهُ عَنْهُ قَالَ : كُنْتُ أَفْزَعُ بِاللَّيْلِ ، فَأَتَيْتُ النَّبِيَّ صَلَّى اللَّهُ عَلَيْهِ وَسَلَّمَ ، فَقُلْتُ : إِنِّي أَفْزَعُ بِاللَّيْلِ فَآخُذُ سَيْفِي ، فَلا أَلْقَى شَيْئًا إِلَّا ضَرَبْتُهُ بِسَيْفِي ، فَقَالَ

47 A<u>h</u>mad et Abû Dâwûd. Al-Albânî a dit : Il est bon par autre que lui (*<u>h</u>asan li-ghayrih*).

رَسُولُ اللَّهِ صَلَّى اللَّهُ عَلَيْهِ وَسَلَّمَ : « أَلا أُعَلِّمُكَ كَلِمَاتٍ عَلَّمَنِي الرُّوحُ الأَمِينُ ؟ » ، فَقُلْتُ : بَلَى ، فَقَالَ : « قُلْ : أَعُوذُ بِكَلِمَاتِ اللَّهِ التَّامَّاتِ الَّتِي لا يُجَاوِزُهُنَّ بَرٌّ وَلا فَاجِرٌ ، مِنْ شَرِّ مَا يَنْزِلُ مِنَ السَّمَاءِ ، وَمَا يَعْرُجُ فِيهَا ، وَمِنْ شَرِّ فِتَنِ اللَّيْلِ وَالنَّهَارِ ، وَمِنْ كُلِّ طَارِقٍ إِلَّا طَارِقٌ يَطْرُقُ بِخَيْرٍ ، يَا رَحْمَنُ » ، فَقَالَهَا ، فَذَهَبَتْ عَنْهُ .

33- Khâlid Ibn Al-Walîd (ﷺ) a dit : Il m'arrivait d'être effrayé dans mon sommeil ; je suis venu alors voir le Prophète (ﷺ) et lui ai dit : Je me réveille en sursaut et je saisis mon sabre avec lequel je frappe tout ce que je trouve devant moi. L'Envoyé de Dieu (ﷺ) me dit : « Ne voudrais-tu pas que je t'enseigne des paroles que m'a apprises l'esprit saint et loyal[48]. » J'ai dit : Certes oui. Il me dit : « Je cherche protection auprès des paroles parfaites de Dieu que ni les vertueux ni les pervers ne peuvent outrepasser, contre le mal de ce qu'Il a créé, contre le mal de ce qui descend du ciel, contre le mal de ce qui monte au ciel, contre le mal des épreuves de la nuit et du jour et contre le mal de tout visiteur la nuit à l'improviste, sauf celui qui apporte le bien, ô Tout Miséricordieux. » Khâlid prononça ces paroles, et ce qu'il la frayeur qu'il éprouvait disparut.[49]

A'ûdhu bi-kalimâti l-lâhi t-tâmâti l-latî lâ yujâwizuhunna barrun wa lâ fâjirun min sharri mâ nazala mina s-samâ'i wa min sharri mâ ya'ruju fîhâ wa min sharri fitani l-layli wa n-nahâri wa min kulli

48 Il s'agit de l'ange Gabriel.

49 At-Tabarânî. Rapporté par Al-Albânî dans *as-Sahîha*.

t̲âriqin illâ t̲âriqun yat̲ruqu bi-khayrin yâ rah̲mânu

- التَّعَوُّذُ إِذَا رَأَى فِي نَوْمِهِ مَا يَكْرَهُ

– Se réfugier auprès de Dieu quand on voit dans son sommeil ce qu'on déteste

---

34- عَنْ أَبِي قَتَادَةَ رَضِيَ اللهُ عَنْهُ قَالَ : سَمِعْتُ النَّبِيَّ صَلَّى اللهُ عَلَيْهِ وَسَلَّمَ يَقُولُ :

« الرُّؤْيَا مِنْ اللَّهِ وَالْحُلْمُ مِنْ الشَّيْطَانِ فَإِذَا رَأَى أَحَدُكُمْ شَيْئًا يَكْرَهُهُ فَلْيَنْفُثْ عَنْ يَسَارِهِ ثَلَاثَ مَرَّاتٍ ثُمَّ لِيَتَعَوَّذْ مِنْ شَرِّهَا فَإِنَّهَا لَا تَضُرُّهُ ».

34- Abû Qatâda (ﷺ) a dit : J'ai entendu l'Envoyé de Dieu (ﷺ) dire : « Le songe pieux – dans une autre version : le beau songe – vient de Dieu, le mauvais songe[50] vient de Satan. Celui qui voit quelque chose qui lui est désagréable n'a qu'à souffler légèrement (*yanfuth*) trois fois à sa gauche, et à demander à Dieu de le protéger contre Satan ; alors ce songe ne lui sera pas nuisible. »[51]

35- عَنْ جَابِرٍ عَنْ رَسُولِ اللَّهِ صَلَّى اللَّه عَلَيْهِ وَسَلَّمَ أَنَّهُ قَالَ : « إِذَا رَأَى أَحَدُكُم الرُّؤْيَا يَكْرَهُهَا ، فَلْيَبْصُقْ عَنْ يَسَارِهِ ثَلاَثًا ، وَلْيَسْتَعِذْ بِاللهِ مِنَ الشَّيْطَانِ ثلاثا ، وَلْيَتَحَوَّلْ عَنْ جَنْبِهِ الَّذِي كَانَ عَلَيْهِ »

---

50 A l'origine, le mot *hulum* est synonyme de *ru'yâ*, qui signifie le songe, le rêve, la vision ; il semble que par la suite le Prophète (ﷺ) a spécifié son sens et appelé *hulum* uniquement le mauvais songe.

51 Al-Bukhârî et Muslim.

35- D'après Jâbir (ﷺ), l'Envoyé de Dieu (ﷺ) a dit : « Si l'un de vous fait un rêve qui lui déplaît, qu'il souffle en projetant de la salive (*yabsuq*) trois fois à sa gauche, puis qu'il demande à Dieu de le protéger contre Satan par trois fois et qu'il change de côté (avant de se rendormir)[52]. »[53]

36- عَنْ أَبِي سَعِيدٍ الْخُدْرِيِّ أَنَّهُ سَمِعَ رَسُولَ اللَّهِ صَلَّى اللَّهُ عَلَيْهِ وَسَلَّمَ يَقُولُ : « إِذَا رَأَى أَحَدُكُمْ رُؤْيَا يُحِبُّهَا فَإِنَّمَا هِيَ مِنَ اللَّهِ ،

52 Le but de ce changement de position est d'indiquer le désir qu'a le rêveur de voir tourner les signes funestes qui menacent, à l'apparition de signes plus heureux. Cet acte est à mettre en rapport avec le fait, pour l'imâm, de tourner son manteau de gauche à droite sur ses épaules lors du double prêche de la prière de l'*istisqâ'*, car il a le même but.

53 Muslim, Ibn Mâjah et An-Nasâ'î.

فَلْيَحْمَدِ اللهَ عَلَيْهَا، وَلْيُحَدِّثْ بِهَا، وَإِذَا رَأَى غَيْرَ ذَلِكَ مِمَّا يَكْرَهُ، فَإِنَّمَا هِيَ مِنَ الشَّيْطَانِ، فَلْيَسْتَعِذْ مِنْ شَرِّهَا، وَلاَ يَذْكُرْهَا لأَحَدٍ، فَإِنَّهَا لاَ تَضُرُّهُ ».

36- Abû Sa'îd Al-Khudrî (﵁) rapporte avoir entendu l'Envoyé de Dieu (ﷺ) dire : « Lorsque l'un de vous a un rêve qui lui est agréable, c'est que ce rêve vient de Dieu le Très-Haut. Qu'il loue Dieu alors, et qu'il raconte ce rêve – dans une autre version[54] : qu'il le raconte seulement à ceux qu'il aime. – Mais, s'il voit quelque chose qui lui est désagréable, c'est que le rêve vient de Satan. Dans ce cas, qu'il se réfugie auprès de Dieu contre ce mauvais rêve, et qu'il n'en parle à personne ;

54 Muslim.

alors ce rêve ne lui sera pas funeste. »[55]

- التَّعَوُّذُ إِذَا اسْتَيْقَظَ لِقِيَامِ اللَّيْلِ

– Se réfugier auprès de Dieu quand on se réveille pour la prière de la nuit

37- عَنْ شَرِيقٍ الْهَوْزَنِيِّ ، قَالَ : « دَخَلْتُ عَلَى عَائِشَةَ رَضِيَ اللَّهُ عَنْهَا ، فَسَأَلْتُهَا بِمَ كَانَ رَسُولُ اللَّهِ صَلَّى اللَّهُ عَلَيْهِ وَسَلَّمَ يَفْتَتِحُ إِذَا هَبَّ مِنَ اللَّيْلِ ؟ ، فَقَالَتْ : لَقَدْ سَأَلْتَنِي عَنْ شَيْءٍ مَا سَأَلَنِي عَنْهُ أَحَدٌ قَبْلَكَ : كَانَ إِذَا هَبَّ مِنَ اللَّيْلِ كَبَّرَ عَشْرا ، وَحَمَّدَ عَشْرا ، وَقَالَ :

55 At-Tirmidhî qui le qualifie de *hasan Sahîh*, An-Nasâ'î et Al-Hâkim qui le déclare *Sahîh* conformément aux conditions des deux Sheikhs. Al-Albânî le déclare *Sahîh*.

سُبْحَانَ اللهِ وَبِحَمْدِهِ عَشْرًا . وَقَالَ : سُبْحَانَ الْمَلِكِ الْقُدُّوسِ عَشْرًا ، وَاسْتَغْفَرَ عَشْرًا ، وَهَلَّلَ عَشْرًا ، ثُمَّ قَالَ : اللَّهُمَّ إِنِّي أَعُوذُ بِكَ مِنْ ضِيقِ الدُّنْيَا وَضِيقِ يَوْمِ الْقِيَامَةِ عَشْرًا، ثُمَّ يَفْتَتِحُ الصَّلاةَ » .

37- Sharîq Al-Hawzanî a dit : Je suis entré chez 'Â'isha (ﵞ) et je lui ai demandé par quelles paroles l'Envoyé de Dieu (ﷺ) disait-il en se réveillant la nuit. Elle me dit : tu m'as interrogé sur une chose à propos de laquelle personne d'autre ne m'a interrogé : « Quand il se réveillait la nuit, il faisait le *takbîr*[56] et louait Dieu (dix fois) ; puis il répétait les formules "Transcendance de Dieu" et "louange à

56 Il disait «*Allahu Akbar*».

Dieu"[57] (dix fois) et Transcendance de Dieu le Roi le Sanctissime (dix fois) ; il prononçait les formules de demande de pardon (dix fois) et de *tahlîl*[58] (dix fois) puis il disait : Mon Dieu, je me réfugie auprès de Toi contre les afflictions de la vie ici-bas et de celles du Jour de la Résurrection (dix fois) ; après cela il commençait la prière. »[59]

Subhâna l-lâhi wa bi-hamdih
Subhâna l-maliki l-quddûsi
Astaghfiru l-lâha
Lâ ilâha illa-llâhu
Allâhumma innî a'ûdhu bika min dîqi d-dunyâ wa dîqi yawmi l-qiyâmati

---

57 Il disait : «*Subhâna Allah*».

58 *Astaghfiru Allâh* (J'implore le pardon de Dieu) ; et *Lâ ilâha illa-llâh*, qui signifie : « il n'est de dieu que Dieu ».

59 Abû Dâwûd et An-Nasâ'î. Al-Albânî le déclare *hasan*.

بَابُ التَّعَوُّذِ فِي الْأُمُورِ الْعَارِضَاتِ

Chapitre : La demande de protection afférente à différentes situations, autres que les invocations du jour et de la nuit

- التَّعَوُّذُ عِنْدَ سَمَاعِ نُبَاحِ الْكِلَابِ وَنَهِيقِ الْحَمِيرِ

– Se réfugier auprès de Dieu quand on entend l'aboiement des chiens ou le braiment des ânes

38- عَنْ أَبِي هُرَيْرَةَ رَضِيَ اللهُ عَنْهُ أَنَّ النَّبِيَّ صَلَّى اللهُ عَلَيْهِ وَسَلَّمَ قَالَ: « إِذَا سَمِعْتُمْ صِيَاحَ الدِّيَكَةِ، فَاسْأَلُوا اللهَ مِنْ فَضْلِهِ،

فَإِنَّهَا رَأَتْ مَلَكًا ، وَإِذَا سَمِعْتُمْ نَهِيقَ الْحِمَارِ ، فَتَعَوَّذُوا بِاللهِ مِنَ الشَّيْطَانِ ، فَإِنَّهُ رَأَى شَيْطَانًا » .

38- D'après Abû Hurayra (ﷺ), le Prophète (ﷺ) a dit : « Lorsque vous entendez le chant du coq, demandez une grâce à Dieu ; car le coq a vu un ange ; mais lorsque vous entendez le cri de l'âne, réfugiez-vous auprès de Dieu contre Satan ; car l'âne a vu un démon »[60]

39- عَنْ جَابِرِ بْنِ عَبْدِ اللهِ رَضِيَ اللهُ عَنْهُ قَالَ : قَالَ رَسُولُ اللهِ صَلَّى اللهُ عَلَيْهِ وَسَلَّمَ : « إِذَا سَمِعْتُمْ نُبَاحَ الْكِلَابِ ، وَنُهَاقَ الْحَمِيرِ مِنَ اللَّيْلِ ، فَتَعَوَّذُوا بِاللهِ ، فَإِنَّهَا تَرَى مَا لاَ

60 Al-Bukhârî et At-Tirmidhî.

تَرَوْنَ »

39- D'après Jâbir Ibn 'Abd Allâh (ﷺ), l'Envoyé de Dieu (ﷺ) a dit : « Lorsque vous entendez l'aboiement des chiens et le cri des ânes la nuit, réfugiez-vous auprès de Dieu, car ils voient ce que vous ne voyez pas. »[61]

- التَّعَوُّذُ عِنْدَ رُؤْيَةِ الرِّيحِ

– Se réfugier auprès de Dieu quand on entend le vent

40- عَنْ أَبِي هُرَيْرَةَ رَضِيَ اللهُ عَنْهُ قَالَ سَمِعْتُ رَسُولَ اللَّهِ صَلَّى اللَّهُ عَلَيْهِ وَسَلَّمَ، يَقُولُ : « الرِّيحُ مِنْ رَوْحِ اللَّهِ ؛ فَرَوْحُ اللَّهِ تَأْتِي بِالرَّحْمَةِ وَتَأْتِي

61 Ahmad et Al-Bukhârî dans *Al-Adab Al-Mufrad*. Al-Albânî le déclare *Sahîh*.

بِالْعَذَابِ فَإِذَا رَأَيْتُمُوهَا فَلَا تَسُبُّوهَا وَسَلُوا اللَّهَ خَيْرَهَا وَاسْتَعِيذُوا بِاللَّهِ مِنْ شَرِّهَا »

40- Abû Hurayra (ﷺ) rapporte avoir entendu l'Envoyé de Dieu (ﷺ) dire : « J'ai entendu l'Envoyé de Dieu (ﷺ) dire : « Le vent émane de la compassion[62] de Dieu ; il apporte la miséricorde[63] et il apporte le châtiment[64]. Si vous le voyez, ne l'insultez pas, mais demandez plutôt à Dieu le bien qu'il recèle, et cherchez refuge auprès de Lui contre le mal qu'il comporte. »[65]

---

62 Jeu de mot intraduisible entre *rî<u>h</u>*, vent, et *raw<u>h</u>*, pitié, compassion. On dit en arabe : *irtâ<u>h</u>a-llâhu lahu bi-ra<u>h</u>mati-hi* : « Dieu, dans Sa miséricorde, a eu pitié de lui ».

63 En faveur de ceux à qui Il désire la prodiguer.

64 A l'encontre de ceux à qui Il désire l'infliger.

65 A<u>h</u>mad et Abû Dâwûd. Al-Albânî le déclare *<u>S</u>a<u>h</u>î<u>h</u>*.

41- عَنْ عَائِشَةَ زَوْجِ النَّبِيِّ صَلَّى اللَّهُ عَلَيْهِ وَسَلَّمَ أَنَّهَا قَالَتْ : كَانَ النَّبِيُّ صَلَّى اللهُ عَلَيْهِ وَسَلَّمَ إِذَا عَصَفَتِ الرِّيحُ قَالَ : « اللَّهُمَّ إِنِّي أَسْأَلُكَ خَيْرَهَا وَخَيْرَ مَا فِيهَا وَخَيْرَ مَا أُرْسِلَتْ بِهِ ، وَأَعُوذُ بِكَ مِنْ شَرِّهَا وَشَرِّ مَا فِيهَا وَشَرِّ مَا أُرْسِلَتْ بِهِ ».

41- ‘Â’isha (رضي الله عنها), l’épouse du Messager de Dieu (ﷺ) a dit : Lorsque le vent soufflait, le Prophète disait : « Mon Dieu, nous te demandons une part du bien que recèle ce vent, une part du bien qu’il transporte et une part du bien qu’il lui a été ordonné (de répandre) ; nous nous réfugions auprès de Toi contre le mal que recèle ce vent, contre le mal qu’il transporte et contre le mal qu’il lui a été ordonné (de répandre). »[66]

Allâhumma innî as'aluka min khayrihâ wa khayri mâ fîhâ wa khayri mâ ursilat bihi wa a'ûdhu bika min sharrihâ wa sharri mâ fîhâ wa sharri mâ ursilat bihi

- التَّعَوُّذُ عِنْدَ رُؤْيَةِ الْغَيْمِ

– Se réfugier auprès de Dieu quand on voit les nuages (couvrir le ciel)

42- عَنْ عَائِشَةَ رَضِيَ اللَّهُ عَنْهَا ، أَنَّ رَسُولَ اللَّهِ صَلَّى اللَّهُ عَلَيْهِ وَسَلَّمَ كَانَ إِذَا رَأَى سَحَابًا مُقْبِلًا مِنْ أُفُقٍ مِنَ الآفَاقِ تَرَكَ مَا هُوَ فِيهِ ، وَإِنْ كَانَ فِي صَلَاتِهِ ، حَتَّى يَسْتَقْبِلَهُ فَيَقُولُ : « اللَّهُمَّ إِنَّا نَعُوذُ بِكَ مِنْ شَرِّ مَا أُرْسِلَ بِهِ فَإِنْ أَمْطَرَ قَالَ

66 Muslim et At-Tirmidhî.

اللَّهُمَّ سَيْبًا نَافِعًا مَرَّتَيْنِ أَوْ ثَلَاثَةً وَإِنْ كَشَفَهُ اللَّهُ عَزَّ وَجَلَّ وَلَمْ يُمْطِرْ حَمِدَ اللَّهَ عَلَى ذَلِكَ ».

42- D'après 'Âisha (رضي الله عنها), quand l'Envoyé de Dieu (ﷺ) voyait venir des nuages d'un des côtés de l'horizon, il abandonnait tout ce qu'il faisait, puis se mettait face à lui, en prière et disait : « Mon Dieu, nous nous réfugions auprès de Toi contre le mal qu'on lui a ordonné de répandre. » Lorsque la pluie tombait, il disait : « Mon Dieu, fais que cette pluie soit abondante et utile (deux ou trois fois) » Si les nuages se dégagent sans pleuvoir, il louait Dieu pour cela.[67]

Allâhumma innâ na'ûdhu bika min sharri mâ ursila bihi

67 An-Nasâ'î, Abû Dâwûd et Ibn Mâjah. Al-Albânî le déclare Sahîh.

Allâhumma <u>s</u>ayyiban nâfi'an

- التَّعَوُّذُ عِنْدَ النَّظَرِ إِلَى الْقَمَرِ

– Se réfugier auprès de Dieu quand on regarde la lune

43- عَنْ عَائِشَةَ رَضِيَ اللهُ عَنْهَا أَنَّ النَّبِيَّ صَلَّى اللهُ عَلَيْهِ وَسَلَّمَ نَظَرَ إِلَى الْقَمَرِ فَقَالَ : « يَا عَائِشَةُ اسْتَعِيذِي بِاللَّهِ مِنْ شَرِّ هَذَا فَإِنَّ هَذَا الْغَاسِقُ إِذَا وَقَبَ »

43- D'après 'Âisha (رضي الله عنها), quand le Prophète (ﷺ) voyait la lune, il disait : « Ô 'Â'isha ! Cherche refuge auprès de Dieu contre le mal qui émane de celle-là, car d'elle parle ce verset : {*contre le mal de l'obscurité quand elle s'approfondit*} »[68].

68 A<u>h</u>mad, At-Tirmidhî et An-Nasâ'î. At-Tirmidhî le

- التَّعوُّذُ عِنْدَ شِرَاءِ الدَّابَّةِ

– Se réfugier auprès de Dieu quand on achète une bête

44- عَنْ عَبْدِ اللهِ بْنِ عَمْرٍو رَضِيَ اللهُ عَنْهما قَالَ : قَالَ رَسُولُ اللهِ صَلَّى اللهُ عَلَيْهِ وَسَلَّمَ : « إِذَا اشْتَرَى أَحَدُكُمْ الْجَارِيَةَ أَوْ الْغُلامَ أَوْ الدَّابَّةَ فَلْيَأْخُذْ نَاصِيَتَهُ وَلْيَقُلْ : « اللَّهُمَّ إِنِّي أَسْأَلُكَ خَيْرَهُ وَخَيْرَ مَا جُبِلَ عَلَيْهِ وَأَعُوذُ بِكَ مِنْ شَرِّهِ وَشَرِّ مَا جُبِلَ عَلَيْهِ . وَإِذَا اشْتَرَى أَحَدُكُمْ بَعِيرًا فَلْيَأْخُذْ بِذِرْوَةِ سَنَامِهِ وَلْيَقُلْ مِثْلَ ذَلِكَ » .

44- D'après 'Abd Allâh Ibn 'Amr Ibn

---

qualifie de *h̲asan S̲ah̲îh̲*, et Al-Albânî de *h̲asan*.

Al-'Âs (ﷺ), l'Envoyé de Dieu (ﷺ) a dit : « Quand l'un d'entre vous achète une servante, un esclave ou une bête, qu'il saisisse son toupet et dise : Seigneur ! Je Te demande de m'accorder le bien qui est en lui [elle] et le bien pour lequel Tu l'as disposé[e] et je me réfugie auprès de Toi contre le mal qui est en lui [elle] et le mal pour lequel Tu l'as disposé [e]. S'il achète un chameau, qu'il saisisse le haut de sa bosse et qu'il prononce les mêmes paroles. »[69]

Allâhumma innî as'aluka khayrahu (hâ) wa khayra mâ jubila (t) 'alayhi wa a'ûdhu bika min sharrihi (hâ) wa sharri mâ jubila (t) 'alayhi.

---

69 Abû Dâwûd, An-Nasâ'î, Ibn Mâjah et Al-Hâkim qui le déclare *Sahîh*, suivi en cela par Adh-Dhahabî. Al-Albânî le qualifie de *hasan*.

- التَّعَوُّذُ عِنْدَ لَبْسِ الثَّوْبِ الْجَدِيدِ

– Se réfugier auprès de Dieu quand on met un vêtement neuf

45- عَنْ أَبِي سَعِيدٍ الْخُدْرِي رَضِيَ اللهُ عَنْهُ قَالَ : كَانَ رَسُولَ اللهِ صَلَّى اللهُ عَلَيْهِ وَسَلَّمَ إِذَا اسْتَجَدَّ ثَوْبًا سَمَّاهُ بِاسْمِهِ إِمَّا قَمِيصًا أَوْ عِمَامَةً ثُمَّ يَقُولُ : « اللَّهُمَّ لَكَ الْحَمْدُ أَنْتَ كَسَوْتَنِيهِ أَسْأَلُكَ مِنْ خَيْرِهِ وَخَيْرِ مَا صُنِعَ لَهُ وَأَعُوذُ بِكَ مِنْ شَرِّهِ وَشَرِّ مَا صُنِعَ لَهُ » .

45- Abû Sa'îd Al-Khudrî (رضي الله عنه) a dit : Quand l'Envoyé de Dieu (ﷺ) mettait un vêtement neuf, il l'indiquait en disant son nom[70] : turban, tunique, manteau, et ajou-

70 Ou, selon un autre sens : lui donnait un nom. En effet, on rapporte que le Prophète (ﷺ) avait donné

tait : « Mon Dieu, à Toi la louange. C'est Toi qui m'en as revêtu. Je Te demande de m'octroyer le meilleur de ce vêtement et le meilleur de ce pour quoi il a été fabriqué et je cherche refuge auprès de Toi contre les méfaits de ce vêtement et les méfaits de ce pour quoi il a été fabriqué. »[71]

Allâhumma laka l-hamdu anta kasawtanîhi as'aluka min khayrihi wa khayri mâ suni'a lahu wa a'ûdhu bika min sharrihi wa sharri mâ suni'a lahu.

- التَّعَوُّذُ عِنْدَ عَقْدِ النِّكَاحِ

– Se réfugier auprès de Dieu au moment de la conclusion du mariage

46- عَنْ عَبْدِ اللهِ بْنِ مَسْعُودٍ رَضِيَ اللهُ

à son turban le nom de *sahâb*.

71 Abû Dâwûd et At-Tirmidhî qui le qualifie de *hadîth* isolé (*gharîb*) ; Al-Albânî le qualifie de *hasan*.

عَنْهُ قَالَ: عَلَّمَنَا رَسُولُ اللّٰهِ صَلَّى اللّٰهُ عَلَيْهِ وَسَلَّمَ خُطْبَةَ الْحَاجَةِ: الْحَمْدُ لِلّٰهِ، نَسْتَعِينُهُ وَنَسْتَغْفِرُهُ، وَنَعُوذُ بِهِ مِنْ شُرُورِ أَنْفُسِنَا وَسَيئاتِ أَعْمَالِنَا، مَنْ يَهْدِه اللّهُ فَلاَ مُضِلَّ لَهُ، وَمَنْ يُضْلِلْ فَلاَ هَادِيَ لَهُ، وَأَشْهَدُ أَنْ لاَ إِلَهَ إِلاَّ اللّهُ، وَأَشْهَدُ أَنَّ مُحَمَّدًا عَبْدُهُ وَرَسُولُهُ. ثُمَّ يَقْرَأ ثَلاثَ آيَاتٍ: {يَا أَيُّهَا الَّذِينَ آمَنُوا اتَّقُوا اللّٰهَ حَقَّ تُقَاتِهِ وَلا تَمُوتُنَّ إِلاَّ وَأَنْتُمْ مُسْلِمُونَ} {يَا أَيُّهَا النَّاسُ اتَّقُوا رَبَّكُمُ الَّذِي خَلَقَكُمْ مِنْ نَفْسٍ وَاحِدَةٍ وَخَلَقَ مِنْهَا زَوْجَهَا وَبَثَّ مِنْهُمَا رِجَالاً كَثِيراً وَنِسَاءً وَاتَّقُوا اللّٰهَ الَّذِي تَسَاءلُونَ بِهِ وَالأَرْحَامَ إِنَّ

اللَّهَ كَانَ عَلَيْكُمْ رَقِيباً} {يَا أَيُّهَا الَّذِينَ آمَنُوا اتَّقُوا اللَّهَ وَقُولُوا قَوْلاً سَدِيداً يُصْلِحْ لَكُمْ أَعْمَالَكُمْ وَيَغْفِرْ لَكُمْ ذُنُوبَكُمْ وَمَنْ يُطِعِ اللَّهَ وَرَسُولَهُ فَقَدْ فَازَ فَوْزاً عَظِيماً}.

46- ‘Abd Allâh Ibn Mas‘ûd (رضي الله عنه) a dit : L’Envoyé de Dieu (ﷺ) nous a enseigné le discours dit « de la demande » (*khuṯbat al-ẖâja*) : « *La louange revient à Dieu, Auquel nous demandons assistance et pardon ; nous Lui demandons de nous protéger des méfaits de nos âmes et de nos mauvaises actions. Celui qui est guidé par Dieu, nul ne peut l’égarer ; et celui que Dieu égare, nul ne peut le guider. Je témoigne qu’il n’y a de dieu que Dieu, l’Unique qui est sans associé, et je témoigne que Muẖammad est Son Serviteur et Son Envoyé*. Puis l’on ajoute à ce discours la récitation des versets du

Livre de Dieu suivants : {*Vous qui croyez, prémunissez-vous envers Dieu de Son prémunir véritable. Puissiez-vous ne mourir qu'en professant l'islam*} (Sourate 3 ; verset 106), {*Humains, prémunissez-vous envers votre Seigneur. Il vous a créés d'une âme unique, dont Il tira pour celle-ci une épouse ; et de l'une et de l'autre Il a répandu des hommes en nombre, et des femmes. Prémunissez-vous envers Dieu, au Nom duquel vous contractez des engagements mutuels, et aussi envers les liens du sang. Que Dieu soit là-dessus votre Surveillant*} (Sourate 4 ; verset 1), {*Vous qui croyez, prémunissez-vous envers Dieu, ne tenez que le propos adéquat, qu'Il réforme vos actions, qu'Il vous pardonne vos péchés. Quiconque obéit à Dieu, à l'Envoyé, connaît le triomphe insigne.*} (Sourate 33 ; versets 71-72).[72]

---

72 Abû Dâwûd, At-Tirmidhî et An-Nasâ'î. At-Tirmidhî le qualifie de *hasan Sahîh*, et Al-Albânî de

Al-hamdu lillâhi nasta'înuhu wa nastaghfiruhu wa na'ûdhu billâhi min shurûri anfusinâ man yahdi l-lâhu fa lâ mudilla lahu wa man yudlil fa lâ hâdiya lahu wa ashhadu allâ ilâha illa l-lâh wa ashhadu anna Muhammadan 'abduhu wa rasûluhu yâ ayyuhâ l-ladhîna âmanû t-taqû l-lâha l-ladhî tasâ'alûna bihi wa l-arhâma inna l-lâha kâna 'alaykum raqîbâ

Yâ ayyuhâ l-ladhîna âmanû t-taqû l-lâha haqqa tuqâtihi wa lâ tamûtunna 'illâ wa antum muslimûn

Yâ ayyuha l-ladhîna âmanû t-taqû l-lâha wa qulû qawlan sadîdâ Yuslih lakum a'mâlakum wa yaghfir lakum dhunûbakum wa man yuti'i l-lâha wa rasûlahu fa-qad fâza fawzan 'adhîmâ

---

hasan.

- التَّعَوُّذُ عِنْدَ الدُّخُولِ بِالزَّوْجَةِ

– Se réfugier auprès de Dieu au cours de la nuit nuptiale

47- عَنْ عَبْدِ اللهِ بْنِ عَمْرِو رَضِيَ اللهُ عَنْهما أَنَّ النَّبِيَّ صَلَّى اللهُ عَلَيْهِ وَسَلَّمَ قَالَ : « إِذَا تَزَوَّجَ أَحَدُكُمْ امْرَأَةً أَوْ اشْتَرَى خَادِمًا فَلْيَقُلْ اللَّهُمَّ إِنِّي أَسْأَلُكَ خَيْرَهَا وَخَيْرَ مَا جَبَلْتَهَا عَلَيْهِ وَأَعُوذُ بِكَ مِنْ شَرِّهَا وَمِنْ شَرِّ مَا جَبَلْتَهَا عَلَيْهِ وَإِذَا اشْتَرَى بَعِيرًا فَلْيَأْخُذْ بِذِرْوَةِ سَنَامِهِ وَلْيَقُلْ مِثْلَ ذَلِكَ » .

47- D'après 'Abd Allâh Ibn 'Amr Ibn Al-'Âs (ﷺ), l'Envoyé de Dieu (ﷺ) a dit : « Quand l'un d'entre vous se marie ou achète un esclave, qu'il dise : Mon Dieu, je Te demande le bien qui est en lui [elle] et le bien pour lequel Tu l'as disposé [e] ; et je me réfugie auprès de Toi du mal qui est en lui [elle] et du mal pour lequel Tu l'as créé [e]. S'il achète un chameau, qu'il saisisse le haut de sa bosse et qu'il prononce les mêmes paroles. »[73]

Allâhumma innî as'aluka khayrahâ wa khayra mâ jabaltahâ 'alayhi wa a'ûdhu bika min sharrihâ wa sharri mâ jabaltahâ 'alayhi.

– التَّعَوُّذُ عِنْدَ الْغَضَبِ

– Se réfugier auprès de Dieu contre la colère

48– عَنْ سُلَيْمَانَ بْنُ صُرْدٍ رَضِيَ اللهُ عَنْهُ

73 Abû Dâwûd et Ibn Mâjah. Al-Hâkim qui le déclare *Sahîh*, suivi en cela par Adh-Dhahabî. Al-Albânî le qualifie de *hasan*.

قَالَ : كُنْتُ جَالِسًا مَعَ النَّبِيِّ صَلَّى اللَّهُ عَلَيْهِ وَسَلَّمَ وَرَجُلَانِ يَسْتَبَّانِ فَأَحَدُهُمَا احْمَرَّ وَجْهُهُ وَانْتَفَخَتْ أَوْدَاجُهُ فَقَالَ النَّبِيُّ صَلَّى اللَّهُ عَلَيْهِ وَسَلَّمَ : « **إِنِّي لَأَعْلَمُ كَلِمَةً لَوْ قَالَهَا ذَهَبَ عَنْهُ مَا يَجِدُ لَوْ قَالَ أَعُوذُ بِاللَّهِ مِنْ الشَّيْطَانِ ذَهَبَ عَنْهُ مَا يَجِدُ** » .

48- Sulaymân Ibn Surd (ﷺ) a dit : « J'étais assis auprès du Prophète (ﷺ) pendant que deux hommes s'injurièrent en sa présence. L'un d'eux, plein de colère, les joues enflammées, injuriait son adversaire. – « Je sais, dit alors le Prophète (ﷺ), des mots qui, s'il les disait, dissiperaient sa colère. Il n'aurait qu'à dire : *Je me réfugie auprès Dieu contre Satan le lapidé.* »[74]

74 Al-Bukhârî et Muslim.

A'ûdhu billâhi mina sh-shayṯâni

- التَّعَوُّذُ عِنْدَ لِقَاءِ الْعَدُوِّ

– Se réfugier auprès de Dieu au moment de rencontrer l'ennemi

49- عَنْ أَبِي مُوسَى رَضِيَ اللهُ عَنْه أَنَّ النَّبِيَّ صَلَّى اللهُ عَلَيْهِ وَسَلَّمَ كَانَ إِذَا خَافَ قَوْمًا قَالَ : « **اللَّهُمَّ إِنَّا نَجْعَلُكَ فِي نُحُورِهِمْ وَنَعُوذُ بِكَ مِنْ شُرُورِهِمْ** ».

49- D'après Abû Mûsâ (ﷺ), quand le Prophète (ﷺ) craignait quelque chose de certaines gens, il faisait l'invocation suivante : « Mon Dieu, nous Te demandons de leur faire face et nous cherchons refuge auprès de Toi contre leurs méfaits. »[75]

75 Aẖmad, Abû Dâwûd et Al-Ḫâkim.

Allâhumma innâ naj'aluka fî nuhûri-him, wa na'ûdhu bika min shurûrihim

وَفِي رِوَايَةٍ : « اللَّهُمَّ إِنِّي أَعُوذُ بِكَ مِنْ شُرُورِهِمْ ، وَأَدْرَأُ بِكَ فِي نُحُورِهِمْ » .

Dans une autre version : « Mon Dieu, je me réfugie auprès de Toi contre leurs méfaits et je me protège auprès de Toi contre leur machination. »

Allâhumma innî a'ûdhu bika min shu-rûrihim wa adra'u bika fî nuhûrihim.

– التَّعَوُّذُ لِرَدِّ كَيْدِ مَرَدَةِ الشَّيَاطِينِ

– Se réfugier auprès de Dieu pour qu'Il déjoue les ruses des démons

50– عَنْ أَبِي التَّيَّاحِ قَالَ : قُلْتُ لِعَبْدِ الرَّحْمَنِ بْنِ خَنْبَشٍ التَّمِيمِيِّ وَكَانَ كَبِيرًا : أَدْرَكْتَ

رَسُولَ اللَّهِ صَلَّى اللَّهُ عَلَيْهِ وَسَلَّمَ ؟ قَالَ : نَعَمْ .
قَالَ قُلْتُ : كَيْفَ صَنَعَ رَسُولُ اللَّهِ صَلَّى اللَّهُ
عَلَيْهِ وَسَلَّمَ لَيْلَةَ كَادَتْهُ الشَّيَاطِينُ ؟ فَقَالَ : إِنَّ
الشَّيَاطِينَ تَحَدَّرَتْ تِلْكَ اللَّيْلَةَ عَلَى رَسُولِ اللَّهِ
صَلَّى اللَّهُ عَلَيْهِ وَسَلَّمَ مِنَ الْأَوْدِيَةِ وَالشِّعَابِ
وَفِيهِمْ شَيْطَانٌ بِيَدِهِ شُعْلَةُ نَارٍ يُرِيدُ أَنْ يُحْرِقَ
بِهَا وَجْهَ رَسُولِ اللَّهِ صَلَّى اللَّهُ عَلَيْهِ وَسَلَّمَ
فَهَبَطَ إِلَيْهِ جِبْرِيلُ عَلَيْهِ السَّلَام فَقَالَ : يَا
مُحَمَّدُ قُلْ . قَالَ : مَا أَقُولُ ؟ قَالَ : قُلْ : **أَعُوذُ
بِكَلِمَاتِ اللَّهِ التَّامَّةِ مِنْ شَرِّ مَا خَلَقَ وَذَرَأَ
وَبَرَأَ وَمِنْ شَرِّ مَا يَنْزِلُ مِنَ السَّمَاءِ وَمِنْ شَرِّ
مَا يَعْرُجُ فِيهَا وَمِنْ شَرِّ فِتَنِ اللَّيْلِ وَالنَّهَارِ**

وَمِنْ شَرِّ كُلِّ طَارِقٍ إِلَّا طَارِقًا يَطْرُقُ بِخَيْرٍ يَا رَحْمَنُ » قَالَ فَطَفِئَتْ نَارُهُمْ وَهَزَمَهُمُ اللَّهُ تَبَارَكَ وَتَعَالَى .

50- Abû At-Tayyâh rapporte avoir dit à ‘Abd Ar-Rahmân Ibn Khanbash At-Tamîmî qui était alors très vieux : As-tu rencontré l’Envoyé de Dieu (ﷺ) ? – Oui. Je lui ai demandé : Qu’a fait l’Envoyé de Dieu (ﷺ) quand les démons ont voulu s’attaquer à lui. – Cette nuit-là les démons sont venus des vallées et des sentiers de montagnes ; l’un d’entre eux portait un tison de feu dans sa main, avec laquelle il voulait brûler le visage du Messager de Dieu (ﷺ). Gabriel (عليه السلام) est descendu lui dire : « Ô Muhammad ! Dis ; – que dois-je dire ? Il lui répondit : Dis : “Par les paroles parfaites de Dieu, je cherche protection auprès des paroles parfaites de Dieu contre le mal de ce qu'Il a créé, contre le mal de ce qui se répand sur la terre, contre le mal de qu'Il a créé sans modèle préalable, contre le mal qui descend du ciel, contre le mal de ce qui monte au ciel, contre les tentations de la nuit et du jour et contre le mal de tout visiteur la nuit à l'improviste, sauf celui qui apporte le bien, ô Tout Miséricordieux". Leur feu s'est éteinte et ils ont été défaits par Dieu, qu'Il soit exalté.[76]

A'ûdhu bi-kalimâti l-lâhi t-tâmâti l-latî lâ yujâwizuhunna barrun wa lâ fâjirun min sharri mâ khalaqa wa dhara'a wa bara'a wa min sharri mâ yanzilu mina s-samâ'i wa min sharri mâ ya'ruju fîhâ wa min sharri fitani l-layli wa n-nahâri wa min sharri kulli ṯâriqin illâ ṯâriqan yaṯru-

76 Ahmad et Abû Ya'lâ. Al-Haythamî a dit : « Certains des narrateurs de ce *hadîth* comptent parmi les garants du Sahîh ». Al-Albânî le déclare Sahîh.

qu bi-khayrin yâ ra<u>h</u>mân

- التَّعَوُّذُ عِنْدَ الْوَسْوَسَةِ فِي الْإِيمَانِ

– Se réfugier auprès de Dieu contre les suggestions sataniques

---

51- عَنْ أَبِي هُرَيْرَةَ رَضِيَ اللهُ عَنْه: قَالَ رَسُولُ اللهِ صَلَّى اللهُ عَلَيْهِ وَسَلَّمَ: « يَأْتِي الشَّيْطَانُ أَحَدَكُمْ فَيَقُولُ: مَنْ خلقَ كَذَا مَنْ خلقَ كَذا حَتَّى يَقُولُ: مَنْ خلقَ رَبَّكَ فَإِذَا بَلَغَهُ فَلْيَسْتَعِذْ بِاللَّهِ وَلْيَنْتَهِ ».

- وَفِي رِوَايَةٍ: « يُوشِكُ النَّاسُ أَنْ يَتَسَاءَلُوا بَيْنَهُمْ حَتَّى يَقُولَ قَائِلُهُمْ: هَذَا اللهُ خَلَقَ الْخَلْقَ، فَمَنْ خَلَقَ اللهُ، فَإِذَا قَالُوا ذَلِكَ،

فَقُولُوا : اللهُ أَحَدٌ ، اللهُ الصَّمَدُ ، لَمْ يَلِدْ وَلَمْ يُولَدْ ، وَلَمْ يَكُنْ لَهُ كُفُوًا أَحَدٌ ، ثُمَّ لِيَتْفُلْ عَنْ يَسَارِهِ ثَلاثًا ، وَلْيَسْتَعِذْ بِاللهِ مِنَ الشَّيْطَانِ » .

51- D'après Abû Hurayra (ﷺ), l'Envoyé de Dieu (ﷺ) a dit : « Satan vient vers l'un de vous, le questionne : "Qui a créé telle chose ? Qui a créé telle autre ?" et il en arrive à demander : "Qui a créé ton Seigneur ?" Lorsqu'il en arrive à cette question, que le croyant cherche un refuge auprès de Dieu, et cesse d'en écouter davantage. »[77]

Dans une autre version : « Il est proche le temps où les gens demanderont les uns aux autres : cela est la création de

77 Al-Bukhârî et Muslim.

Dieu, mais qui a créé Dieu ? S'ils en arrivent à cette question, dites : "Dieu est unique ; Dieu est le seul Recours pour ce que nous désirons ; Il n'a jamais enfanté, n'a pas été enfanté non plus ; Et nul n'est égal à Lui." Puis qu'il il souffle (en jetant dehors de la salive) trois fois et qu'il cherche refuge auprès de Dieu contre Satan. »[78]

Al-lâhu a<u>h</u>ad Al-lâhu <u>s</u>-<u>s</u>amadu lam yalid wa lam yûlad wa lam yakun lahu kufuwan a<u>h</u>adun

78 Abû Dâwûd et An-Nasâ'î. Al-Albânî le qualifie de *<u>h</u>asan*.

بَابُ التَّعَوُّذِ عِنْدَ الرُّقْيَةِ

Chapitre : Se réfugier auprès de Dieu au moment d'employer les formules de guérison (*Ruqya*)

- التَّعَوُّذُ مِنَ الْعَيْنِ

– Se réfugier auprès de Dieu contre le mauvais œil

52- عَنْ عَائِشَةَ رَضِيَ اللهُ عَنْهَا قَالَتْ : قَالَ رَسُولُ اللهِ صَلَّى اللهُ عَلَيْهِ وَسَلَّمَ : « اسْتَعِيذُوا بِاللهِ تَعَالَى مِنَ الْعَيْنِ فَإِنَّ الْعَيْنَ حَقٌّ » .

52- 'Â'isha (رضي الله عنها) rapporte que l'Envoyé de Dieu (ﷺ) a dit : « Demandez la protection de Dieu contre le mauvais œil, car celui-ci est une vérité (il existe). »[79]

- التَّعَوُّذُ مِنْ عَيْنِ الْجَانِّ

– Se réfugier auprès de Dieu contre le mauvais œil des djinns

53- عَنْ أَبِي سَعِيدٍ رَضِيَ اللهُ عَنْهُ قَالَ : « كَانَ رَسُولَ اللهِ صَلَّى اللهُ عَلَيْهِ وَسَلَّمَ يَتَعَوَّذُ مِنْ عَيْنِ الْجَانِّ وَعَيْنِ الإِنْسِ فَلَمَّا نَزَلَتِ الْمُعَوِّذَتَانِ أَخَذَ بِهِمَا وَتَرَكَ مَا سِوَى ذَلِكَ ».

53- Abû Sa'îd Al-Khudrî (ﷺ) a dit : « L'Envoyé de Dieu (ﷺ) se préservait

79 Ibn Mâjah et Al-Hâkim qui le déclare *Sahîh* conformément aux conditions des deux Sheikhs ; suivi en cela par Adh-Dhahabî. Al-Albânî le déclare *Sahîh*.

du mauvais œil des génies et du mauvais œil des hommes[80], jusqu'à ce que lui fussent révélées « les deux préservatrices »[81]. Alors il se servit (de ces deux sourates) et délaissa le reste. »[82]

- فَضْلُ التَّعَوُّذِ بِسُورَتَيِ الْفَلَقِ وَالنَّاسِ

– Le mérite de l'utilisation des sourates "L'Aube naissante" et "Les Hommes" pour chercher refuge auprès de Dieu

54- عَنْ عُقْبَةَ بْنِ عَامِرٍ الْجُهَنِي رَضِيَ اللهُ
عَنه أَنَّ رَسُولَ اللهِ صَلَّى اللهُ عَلَيْهِ وَسَلَّمَ قَالَ

80 C'est-à-dire : prononçait la formule de préservation : « Mon Dieu, je cherche refuge auprès de Dieu contre les génies et le mauvais œil des hommes ».

81 Ou encore : les sourates 113 et 114 du Coran.

82 At-Tirmidhî, An-Nasâ'î et Ibn Mâjah.

لَهُ : « يَا ابْنَ عَابِسٍ أَلَا أُخْبِرُكَ بِأَفْضَلِ مَا تَعَوَّذَ بِهِ الْمُتَعَوِّذُونَ قُلْتُ : بَلَى يَا رَسُولَ اللَّهِ قَالَ : قُلْ أَعُوذُ بِرَبِّ الْفَلَقِ وَقُلْ أَعُوذُ بِرَبِّ النَّاسِ ».

54- 'Uqba Ibn 'Âmir Al-Juhanî (ﷺ) rapporte que l'Envoyé de Dieu (ﷺ) lui a dit : « Ô Ibn 'Âbis ! Ne t'informerai-je pas des meilleures paroles par lesquelles ceux qui cherchent refuge auprès de Dieu implorent-ils Sa protection ? » Je lui ai dit : Certes oui, ô Messager de Dieu ! – Dis : « Je cherche protection auprès du Seigneur de l'aube naissante » et « Je cherche protection auprès du Seigneur des hommes. »[83]

Qul a'ûdhu bi-rabbi l-falaq

83 Ahmad et An-Nasâ'î. Al-Albânî le déclare Sahîh.

Qul a'ûdhu bi-rabbi n-nâs[84]

- فَضْلُ التَّعَوُّذِ بِسُورَةِ الْإِخْلَاصِ

– Le mérite de l'utilisation de la sourate «Le Pur monothéisme» pour chercher refuge auprès de Dieu

55- وَعَنْه رَضِيَ اللهُ عَنْه : « قَالَ لي رَسُولُ اللهِ صَلَّى اللهُ عَلَيْهِ وَسَلَّمَ: « قُلْ ، قُلْتُ : وَمَا أَقُولُ ؟ قَالَ : « (قُلْ هُوَ اللَّهُ أَحَدٌ) (قُلْ أَعُوذُ بِرَبِّ الْفَلَقِ) (قُلْ أَعُوذُ بِرَبِّ النَّاسِ) ، فَقَرَأَهُنَّ رَسُولُ اللهِ صَلَّى اللهُ عَلَيْهِ وَسَلَّمَ ، ثُمَّ قَالَ : لَمْ يَتَعَوَّذِ النَّاسُ بِمِثْلِهِنَّ ، أَوْ لاَ يَتَعَوَّذُ النَّاسُ بِمِثْلِهِنَّ » .

84 Entendre la récitation de ces deux sourates.

55- 'Uqba Ibn 'Âmir Al-Juhanî (ﷺ) rapporte que l'Envoyé de Dieu (ﷺ) lui a dit : « Dis ! » – Que dois-je dire ? « {*Dis : Dieu est unique*} ; {*Dis : « Je cherche protection auprès du Seigneur de l'aube naissante*} ; {*Dis : « Je cherche protection auprès du Seigneur des hommes*} ». L'Envoyé de Dieu (ﷺ) les récita puis dit : « Les gens n'ont pas utilisé de semblables pour implorer la protection de Dieu » ou « Les gens ne peuvent utiliser autres qu'elles pour implorer la protection de Dieu. »[85]

بِسْمِ اللَّهِ الرَّحْمَنِ الرَّحِيمِ

﴿ قُلْ هُوَ اللَّهُ أَحَدٌ اللَّهُ الصَّمَدُ لَمْ يَلِدْ وَلَمْ يُولَدْ وَلَمْ يَكُن لَّهُ كُفُوًا أَحَدٌ ﴾

Au Nom de Dieu, le Tout Miséricordieux,

85 An-Nasâ'î. Al-Albânî le déclare Sahîh.

le Très Miséricordieux : « Dis : “Il est Dieu Unique. Dieu, Le Seul à être imploré pour ce que nous désirons. Il n’a jamais engendré, n’a pas été engendré non plus. Et nul n’est égal à Lui.” » (Sourate 112)

Bismi l-lâhi r-rahmâni r-rahîmi qul huwa l-lâhu ahadun Al-lâhu s-samadu lam yalid wa lam yûlad wa lam yakun lahu kufuwan ahadun

بِسْمِ اللهِ الرَّحْمنِ الرَّحِيمِ

﴿ قُلْ أَعُوذُ بِرَبِّ الْفَلَقِ مِن شَرِّ مَا خَلَقَ وَمِن شَرِّ غَاسِقٍ إِذَا وَقَبَ وَمِن شَرِّ النَّفَّاثَاتِ فِي الْعُقَدِ وَمِن شَرِّ حَاسِدٍ إِذَا حَسَدَ ﴾

Au Nom de Dieu, le Tout Miséricordieux, le Très Miséricordieux : « Dis : “Je cherche protection auprès du Seigneur de l'aube naissante, contre le mal des êtres qu'Il a créés, contre le mal de l'obscurité quand elle s'approfondit, contre le mal de celles qui soufflent (les sorcières) sur les nœuds, et contre le mal de l'envieux quand il envie." » (Sourate 113)

Bismi l-lâhi r-rahmâni r-rahîmi qul a'ûdhu bi-rabbi l-falaqi min sharri mâ khalaqa wa min sharri ghâsiqin idhâ waqaba wa min sharri n-naffâthâti fi l-'uqadi wa min sharri hâsidin idhâ hasada

بِسْمِ اللهِ الرَّحْمنِ الرَّحِيمِ

﴿ قُلْ أَعُوذُ بِرَبِّ النَّاسِ مَلِكِ النَّاسِ إِلَهِ النَّاسِ مِن شَرِّ الْوَسْوَاسِ الْخَنَّاسِ الَّذِي يُوَسْوِسُ فِي صُدُورِ النَّاسِ مِنَ الْجِنَّةِ وَالنَّاسِ ﴾

Au Nom de Dieu, le Tout Miséricordieux, le Très Miséricordieux : «Dis : “Je cherche protection auprès du Seigneur des hommes. Le Souverain des hommes, Dieu des hommes, contre le mal du tentateur furtif, qui susurre au cœur des hommes, qu’il vienne des djinns ou des humains.” » (Sourate 114)

Bismi l-lâhi r-rahmâni r-rahîmi qul a‘ûdhu bi-rabbi n-nâs Maliki n-nâsi Ilâhi n-nâsi min sharri l-waswâsi l-khannâsi al-ladhî yuwaswisu fî sudûri n-nâsi mina l-jinnati wa n-nâsi

---

- مَا يُعَوَّذُ بِهِ الصِّبْيَانُ

– Par quoi on protège les enfants ?

56- عَنْ عَبْدِ اللهِ بْنِ عَبَّاسٍ رَضِيَ اللهُ عَنهما قَالَ : كَانَ النَّبِيُّ صَلَّى اللهُ عَلَيْهِ وَسَلَّمَ

يُعَوِّذُ الْحَسَنَ وَالْحُسَيْنَ وَيَقُولُ : « إِنَّ أَبَاكُمَا كَانَ يُعَوِّذُ بِهَا إِسْمَاعِيلَ وَإِسْحَاقَ أَعُوذُ بِكَلِمَاتِ اللَّهِ التَّامَّةِ مِنْ كُلِّ شَيْطَانٍ وَهَامَّةٍ وَمِنْ كُلِّ عَيْنٍ لَامَّةٍ » .

56- 'Abd Allâh Ibn 'Abbâs (ﷺ) a dit : « Le Prophète (ﷺ) demandait à Dieu de préserver Al-Hasan et Al-Husayn en leur disant qu'il se servait de la même formule que leur ancêtre (Abraham) quand il adressait la même invocation en faveur d'Ismâ'îl et d'Ishâq, (et cette formule était) : "Je demande assistance aux paroles parfaites de Dieu contre tout démon et être venimeux et contre tout œil néfaste". »[86]

A'ûdhu bi-kalimâti l-lâhi t-tâmati min

---

86 Al-Bukhârî et Muslim.

kulli shaytânin wa hâmmatin wa min kulli 'aynin lâmmatin

- كَيْفَ يُعَوَّذُ الْمَرِيضُ

– Par quelle invocation on demande la guérison pour un malade ?

57- عَنْ عُثْمَانَ بْنِ أَبِي الْعَاصِ رَضِيَ اللَّهُ عَنْهُ أَنَّهُ شَكَا إِلَى رَسُولِ اللَّهِ صَلَّى اللَّهُ عَلَيْهِ وَسَلَّمَ وَجَعًا يَجِدُهُ فِي جَسَدِهِ مُنْذُ أَسْلَمَ فَقَالَ لَهُ رَسُولُ اللهِ صَلَّى اللهِ عَلَيْهِ وَسَلَّمَ : « ضَعْ يَدَكَ عَلَى الَّذِي تَأَلَّمَ مِنْ جَسَدِكَ ، وَقُلْ : بِسْمِ اللهِ ، ثَلاَثًا ، وَقُلْ سَبْعَ مَرَّاتٍ : أَعُوذُ بِاللهِ وَقُدْرَتِهِ ، مِنْ شَرِّ مَا أَجِدُ وَأُحَاذِرُ » .

57- 'Uthmân Ibn Abî Al-'Âs (ﷺ) rapporte qu'il s'était plaint à l'Envoyé de

Dieu (ﷺ) d'une douleur qu'il avait dans le corps. L'Envoyé de Dieu (ﷺ) lui dit : « Pose ta main sur l'endroit du corps qui te fait mal et dis trois fois de suite : « Au nom de Dieu », puis répète sept fois : « Je cherche refuge auprès de la puissance de Dieu contre le mal dont je souffre et que je crains. »[87]

Bismi l-lâhi

A'ûdhu bi-l-lâhi wa qudratihi min sharri mâ ajidu wa uhâdhiru

58- عَنْ أَنَسِ بْنِ مَالِكٍ رَضِيَ اللهُ عَنْه أَنَّ رَسُولَ اللهِ صَلَّى اللهُ عَلَيْهِ وَسَلَّمَ قَالَ : « إِذَا اشْتَكَيْتَ فَضَعْ يَدَكَ حَيْثُ تَشْتَكِي ، وَقُلْ : بِسْمِ اللهِ ، أَعُوذُ بِعِزَّةِ اللهِ وَقُدْرَتِهِ مِنْ شَرِّ مَا

87 Muslim et Abû Dâwûd.

أَجِدُ مِنْ وَجَعِي هَذَا ، ثُمَّ ارْفَعْ يَدَكَ ، ثُمَّ أَعِدْ ذَلِكَ وِتْرًا » .

58- Anas Ibn Mâlik (ﷺ) rapporte que l'Envoyé de Dieu (ﷺ) a dit : « Si tu souffres (d'un mal), pose ta main sur l'endroit du corps qui te fait mal et dis : "Au Nom de Dieu ! Je cherche refuge auprès de la force et la puissance de Dieu contre le mal dont je souffre", puis enlève et recommence autant de fois impaires que tu veux. »[88]

Bismi l-lâhi a'ûdhu bi-'izzati l-lâhi wa qudratihi min sharri mâ ajidu min waja'î hâdhâ

---

88 At-Tirmidhî, Al-Hâkim et At-Tabarânî. At-Tirmidhî le qualifie de hadîth *hasan gharîb* (bon, isolé). Al-Hâkim qui le déclare *Sahîh*, suivi en cela par Adh-Dhahabî. Al-Albânî le déclare *Sahîh*.

- وَفِي رِوَايَةِ الطَّبَرَانِي : « إِذَا اشْتَكَى أَحَدُكُمْ فَلْيَضَعْ يَدَهُ عَلَى ذَلِكَ الْوَجَعِ ، ثُمَّ لِيَقُلْ : بِسْمِ اللَّهِ وَبِاللَّهِ أَعُوذُ بِعِزَّةِ اللَّهِ وَقُدْرَتِهِ مِنْ شَرِّ وَجَعِي هَذَا »

Dans la version d'At-Tabarânî : « Si l'un d'entre vous souffre (d'un mal), qu'il pose sa main sur l'endroit du corps qui lui fait mal et dise : "Au Nom de Dieu et par Dieu, je me réfugie auprès de la force et la puissance de Dieu contre le mal dont je souffre". »

Bismi l-lâhi wa bi-l-lâhi a'ûdhu bi-'izzati l-lâhi wa qudratihi min sharri waja'î hâdhâ

بَابُ التَّعَوُّذِ فِي السَّفَرِ

Chapitre : Se réfugier auprès de Dieu dans le voyage

- تَعَوُّذُ الْمُسَافِرِ إِذَا رَكِبَ دَابَّتَهُ

– Le voyageur cherche refuge auprès de Dieu au moment d'enfourcher sa monture

59- عَنْ ابْنِ عُمَرَ رَضِيَ اللهُ عَنْهما أَنَّ رَسُولَ اللهِ صَلَّى اللهُ عَلَيْهِ وَسَلَّمَ : « كَانَ إِذَا اسْتَوَى عَلَى بَعِيرِهِ خَارِجًا إِلَى سَفَرٍ كَبَّرَ ثَلاثًا ثُمَّ قَالَ : سُبْحَانَ الَّذِي سَخَّرَ لَنَا هَذَا وَمَا كُنَّا لَهُ مُقْرِنِينَ وَإِنَّا إِلَى رَبِّنَا لَمُنْقَلِبُونَ اللَّهُمَّ إِنَّا

نَسْأَلُكَ فِي سَفَرِنَا هَذَا الْبِرَّ وَالتَّقْوَى وَمِنَ الْعَمَلِ مَا تَرْضَى اللَّهُمَّ هَوِّنْ عَلَيْنَا سَفَرَنَا هَذَا وَاطْوِ عَنَّا بُعْدَهُ اللَّهُمَّ أَنْتَ الصَّاحِبُ فِي السَّفَرِ وَالْخَلِيفَةُ فِي الأَهْلِ اللَّهُمَّ إِنِّي أَعُوذُ بِكَ مِنْ وَعْثَاءِ السَّفَرِ وَكَآبَةِ الْمَنْظَرِ وَسُوءِ الْمُنْقَلَبِ فِي الْمَالِ وَالأَهْلِ وَإِذَا رَجَعَ قَالَهُنَّ. وَزَادَ فِيهِنَّ : آيِبُونَ تَائِبُونَ عَابِدُونَ لِرَبِّنَا حَامِدُونَ.

59- Ibn ‘Umar (رضي الله عنهما) rapporte : « Lorsque l’Envoyé de Dieu (ﷺ) était installé sur son chameau et qu’il allait voyager, il disait trois *takbîr* et ajoutait : « {*Gloire à la transcendance de Celui qui a soumis ceci pour nous, quand nous en serions incapables. Et c’est vers notre*

Seigneur que nous retournerons}[89]. Mon Dieu, nous Te demandons au cours de ce voyage la vertu et la piété, ainsi que d'accomplir les œuvres que Tu agrées. Mon Dieu, rends ce voyage facile à endurer pour nous et ploie la distance qui nous sépare (de son but). Mon Dieu, Tu es notre Compagnon de voyage et Celui qui nous remplace auprès des nôtres. Mon Dieu, je cherche refuge auprès de Toi contre les difficultés[90] du voyage, contre tout spectacle affligeant, contre tout changement funeste (à notre retour) qui affecterait nos biens, nos familles ou nos enfants. » « Puis, lorsqu'il revenait de voyage, il répétait ces mêmes paroles et y ajoutait ces mots : « Nous revenons (chez nous) repentants, adorant notre

89 Coran ; sourate : 43, versets : 12-14.

90 A l'origine, le mot *wa'thâ'*, désigne l'état d'un chemin difficile, fatiguant, pénible.

Seigneur et Le louant. »[91]

Allâhu akbaru allâhu akbaru allâhu akbaru subhâna l-ladhî sakhkhara lanâ hâdhâ wa mâ kunnâ lahu muqrinîna wa innâ ilâ rabbinâ la-munqalibûna allâhumma innâ nas'aluka fî safarinâ hâdhâ l-birra wa t-taqwâ wa mina l-'amali mâ tardâ allâhumma hawwin 'alaynâ safaranâ hâdhâ wa twi 'annâ bu'dahu allâhumma anta s-sâhibu fi s-safari wa-l-khalîfatu fi-l-ahli allâhumma innî a'ûdhu bika min wa'thâ'i s-safari wa ka'âbati l-mandhari wa sû'i l-munqalabi fi-lmâli wa-l-ahli

Âyibûn tâ'ibûn 'âbidûna li-rabbinâ hâmidûna

60- عَنْ عَبْدِ اللهِ بْنِ سَرْجِسَ رَضِيَ اللهُ عَنْهُ قَالَ : كَانَ رَسُولُ اللهِ صَلَّى اللهُ عَلَيْهِ

91 Ahmad et Muslim.

وَسَلَّمَ إِذَا خَرَجَ فِي سَفَرٍ قَالَ : « اللَّهُمَّ إِنِّي أَعُوذُ بِكَ مِنْ وَعْثَاءِ السَّفَرِ وَكَآبَةِ الْمُنْقَلَبِ وَالْحَوْرِ بَعْدَ الْكَوْرِ وَدَعْوَةِ الْمَظْلُومِ وَسُوءِ الْمَنْظَرِ فِي الْمَالِ وَالأَهْلِ وَإِذَا رَجَعَ قَالَ مِثْلَهَا إِلَّا أَنَّهُ يَقُولُ وَسُوءِ الْمَنْظَرِ فِي الأَهْلِ وَالْمَالِ يَبْدَأُ بِالأَهْلِ » .

60- ‘Abd Allâh Ibn Sarjis (ﷺ) a dit : « Quand l’Envoyé de Dieu (ﷺ) s’apprêtait à voyager[92], il disait : “Je cherche refuge auprès de Toi contre les difficultés les difficultés du voyage, contre tout changement affligeant (à mon retour), contre tout ce qui diminue après qu’il eût existé, contre l’invocation de l’opprimé, et

92 Ou désirait voyager, selon une explication donnée par certains commentateurs.

contre tout spectacle affligeant qui affecterait mes biens ou ma famille." Quand il reprenait le chemin du retour il faisait la même invocation sauf qu'il disait : "contre tout spectacle affligeant qui affecterait ma famille et mes biens" commençant ainsi par la famille. »[93]

Allâhumma innî a'ûdhu bika min wa'thâ'i s-safari wa ka'âbati l-munqalabi wa l-hawri ba'da l-kawri wa sû'i l-mandhari fi lmâli wa l-ahli

wa sû'i l-mandhari fi l-ahli wa lmâli

61– عَنْ ابْنِ عَبَّاسٍ رَضِيَ اللَّهُ عَنْهُمَا قَالَ
كَانَ رَسُولَ اللَّهِ صَلَّى اللَّهُ عَلَيْهِ وَسَلَّمَ إِذَا
أَرَادَ أَنْ يَخْرُجَ فِي سَفَرٍ قَالَ : « اللَّهُمَّ أَنْتَ
الصَّاحِبُ فِي السَّفَرِ وَالْخَلِيفَةُ فِي الْأَهْلِ اللَّهُمَّ

93 Muslim, An-Nasâ'î et Ibn Mâjah.

إِنِّي أَعُوذُ بِكَ مِنْ الضُّبْنَةِ فِي السَّفَرِ وَالْكَآبَةِ فِي الْمُنْقَلَبِ اللَّهُمَّ اقْبِضْ لَنَا الأَرْضَ وَهَوِّنْ عَلَيْنَا السَّفَرَ ».

61- D'après Ibn 'Abbâs (ﷺ), quand l'Envoyé de Dieu (ﷺ) partait en voyage, il disait : « Mon Dieu ! Tu es notre Compagnon de voyage et Celui qui nous remplace auprès des nôtres. Mon Dieu ! Je cherche refuge auprès de Toi contre toute compagnie qui me serait inutile dans mon voyage, contre tout changement affligeant (à mon retour). Mon Dieu ! Ploie la distance qui nous sépare (de notre destination) et rends ce voyage facile à endurer pour nous. »[94]

---

94 Ahmad, Ibn Hibbân, Ibn As-Sunnî, Al-Haythamî qui a dit : "Ses narrateurs comptent parmi les garants du *Sahîh*".

Allâhumma anta s-sâhibu fi s-safari wa-l-khalîfatu fi-l-ahli allâhumma innî a'ûdhu bika mina d-dubnati fi s-safari wa l-ka'âbati fi l-munqalabi allâhumma qbid lana l-ard wa hawwin 'alayna s-safara

---

- تَعَوُّذُ الْمُسَافِرِ إِذَا أَسْحَرَ

– Le voyageur cherche refuge auprès de Dieu à l'aube

62- عَنْ أَبِي هُرَيْرَةَ رَضِيَ اللهُ عَنْه أَنَّ النَّبِيَّ صَلَّى اللهُ عَلَيْهِ وَسَلَّمَ كَانَ إِذَا كَانَ فِي سَفَرٍ وَأَسْحَرَ، يَقُولُ : « سَمِعَ سَامِعٌ بِحَمْدِ اللهِ وَحُسْنِ بَلاَئِهِ عَلَيْنَا، رَبَّنَا صَاحِبْنَا وَأَفْضِلْ عَلَيْنَا، عَائِذًا بِاللهِ مِنَ النَّارِ ».

62- Abû Hurayra (ﷺ) rapporte que lorsque le Prophète (ﷺ) était en voyage et qu'il se levait à la fin de la nuit, il disait : « Puisse celui qui nous entend transmettre notre louange de Dieu pour Ses faveurs ; Seigneur, sois notre Compagnon, comble-nous de Tes faveurs. Je me réfugie auprès de Dieu contre l'Enfer. »[95]

Sami'a sâmi'un bi-hamdi l-lâhi wa husni balâ'ihi 'alaynâ rabbanâ sâhibnâ wa afdil 'alaynâ 'â'idhan bi-llâhi mina n-nâri

– التَّعَوُّذُ إِذَا نَزَلَ مَنْزِلًا فِي السَّفَرِ وَغَيْرِهِ

– Le voyageur cherche refuge auprès de Dieu quand il campe quelque part

63– عَنْ خَوْلَةَ بِنْتِ حَكِيمٍ السُّلَمِيَّةَ رَضِيَ اللهُ عَنْهَا أَنَّهَا سَمِعَتْ رَسُولَ اللهِ صَلَّى اللهُ

95 Muslim et Abû Dâwûd.

عَلَيْهِ وَسَلَّمَ يَقُولُ : « إِذَا نَزَلَ أَحَدُكُمْ مَنْزِلًا فَلْيَقُلْ : أَعُوذُ بِكَلِمَاتِ اللَّهِ التَّامَّاتِ مِنْ شَرِّ مَا خَلَقَ فَإِنَّهُ لَا يَضُرَّهُ شَيْءٌ حَتَّى يَرْتَحِلَ مِنْهُ » .

63- Khawla Bint Hakîm (رضي الله عنها) a dit : « J'ai entendu l'Envoyé de Dieu (ﷺ) dire : « Quiconque fait une halte dans un lieu et dit : « Je me mets à l'abri grâce aux paroles parfaites de Dieu[96] contre le mal de tout ce qu'Il a créé » ne souffrira aucun mal dans ce lieu jusqu'à ce qu'il le quitte. »[97]

A'ûdhu bi-kalimâti l-lâhi t-tâmmâti min sharri mâ khalaqa

---

96 On a expliqué ces « paroles parfaites » comme désignant les attributs éternels et essentiels de Dieu – mais Dieu est plus savant.

97 Muslim et At-Tirmidhî.

64- عَنْ أَنَسِ بْنِ مَالِكٍ رَضِيَ اللهُ عَنْهُ قَالَ : كُنْتُ أَخْدُمُ رَسُولَ اللَّهِ صَلَّى اللَّهُ عَلَيْهِ وَسَلَّمَ كُلَّمَا نَزَلَ فَكُنْتُ أَسْمَعُهُ يُكْثِرُ أَنْ يَقُولَ : « **اللَّهُمَّ إِنِّي أَعُوذُ بِكَ مِنْ الْهَمِّ وَالْحَزَنِ وَالْعَجْزِ وَالْكَسَلِ وَالْبُخْلِ وَالْجُبْنِ وَضَلَعِ الدَّيْنِ وَغَلَبَةِ الرِّجَالِ** » فَلَمْ أَزَلْ أَخْدُمُهُ حَتَّى أَقْبَلْنَا مِنْ خَيْبَرَ ».

64- Anas Ibn Mâlik (﵁) a dit : « … Je demeurai au service de l'Envoyé de Dieu (ﷺ) chaque fois qu'il descendait de sa monture je l'entendais répéter : “Mon Dieu, je me réfugie auprès de Toi contre les soucis, la tristesse, l'impuissance, la paresse, la lâcheté, l'avarice, l'excès des dettes et les violences des hommes.” Je ne cessai de rester à son service jusqu'au moment où nous revînmes de Khaybar »[98]

Allâhumma innî a'ûdhu bika mina l-hammi wa-l-hazani, wa-l-'ajzi wa-l-kasali, wa l-bukhli wa l-jubni, wa dala'i d-dayni wa ghalabati r-rijâli

65-عَنِ ابْنِ عُمَرَ رَضِيَ اللهُ عَنْهُمَا ، قَالَ : كَانَ رَسُولَ اللهِ إِذَا سَافَرَ فَأَقْبَلَ اللَّيْلُ ، قَالَ : « يَا أَرْضُ، رَبِّي وَرَبُّكِ اللهُ ، أَعُوذُ بِاللهِ مِنْ شَرِّكِ وَشَرِّ مَا فِيكِ ، وَشَرِّ مَا خُلِقَ فِيكِ ، وَشَرِّ مَا يَدِبُّ عَلَيْكِ، وَأَعُوذُ بِكَ مِنْ شَرِّ أَسَدٍ وَأَسْوَدٍ ، وَمِنَ الْحَيَّةِ وَالْعَقْرَبِ ، وَمِنْ سَاكِنِ الْبَلَدِ ، وَمِنْ وَالِدٍ وَمَا وَلَدَ » .

98 Al-Bukhârî et An-Nasâ'î.

65- Ibn 'Umar (﵄) a dit : « Quand l'Envoyé de Dieu (ﷺ) était en voyage et que la nuit venait à tomber, il disait : « Ô terre, mon Seigneur et le tien, c'est Dieu. Je cherche refuge auprès de Dieu contre tes méfaits, les méfaits que tu recèles, les méfaits de ce qui rampe[99] sur ta face ; je me réfugie auprès de Dieu contre le mal du lion, du serpent[100], du scorpion, de l'habitant des abris, du géniteur et de ce qu'il engendre[101]. »

Yâ ar<u>d</u>u rabbî wa rabbuki l-lâhu a'ûdhu billâhi min sharriki wa sharri mâ khuliqa fîki wa sharri mâ yadibbu 'alayki wa a'ûd-

---

99 Le verbe *dabba* signifie marcher lentement, ramper comme certains animaux à pas lent, ou les reptiles.

100 Il est fait mention à cet endroit du texte du mot *aswad* qui désigne un grand serpent noir.

101 On a dit aussi que ces mots désignaient les animaux et leurs petits, ou encore qu'ils désignaient Adam et sa progéniture – mais Dieu est plus savant.

hu bika min sharri asadin wa aswadin wa mina l-ḫayyati wa l-'aqrabi wa min sâki l-baladi wa min wâlidin wa mâ walada

- التَّعَوُّذُ إِذَا رَأَى قَرْيَةً يُرِيدُ دُخُولَهَا

– Chercher refuge auprès de Dieu quand on voit une ville où l'on veut entrer

66- عَنْ صُهَيْبٍ أَنَّ رَسُولَ اللَّهِ صَلَّى اللَّهُ عَلَيْهِ وَسَلَّمَ لَمْ يَرَ قَرْيَةً يُرِيدُ دُخُولَهَا إِلَّا قَالَ حِينَ يَرَاهَا : « اللَّهُمَّ رَبَّ السَّمَاوَاتِ السَّبْعِ ، وَمَا أَظْلَلْنَ ، وَرَبَّ الأَرَضِينَ ، وَمَا أَقْلَلْنَ ، وَرَبَّ الشَّيَاطِينِ ، وَمَا أَضْلَلْنَ ، وَرَبَّ الرِّيَاحِ ، وَمَا ذَرَيْنَ ، فَإِنَّا نَسْأَلُكَ خَيْرَ هَذِهِ الْقَرْيَةِ ، وَخَيرَ أَهْلِهَا ، وَنَعُوذُ بِكَ مِن شَرِّهَا

وَشَرِّ أَهْلِهَا، وَشَرِّ مَا فِيهَا ».

66- D'après Suhayb (ﷺ), quand l'Envoyé de Dieu (ﷺ) voyait une cité où il voulait entrer, il disait : Seigneur des sept cieux et de ce qu'ils abritent, Seigneur des sept terres et de ce qu'elles supportent, Seigneur des démons et de ceux qu'ils égarent, Seigneur des vents et de ce qu'ils dispersent, nous Te demandons le meilleur de cette cité, de ses habitants, et de ce qu'elle contient et nous cherchons auprès de Toi refuge contre ses méfaits, contre les méfaits de ses habitants et contre le mal qui s'y trouve. »[102]

Allâhumma rabba s-samâwâti s-sab'i wa mâ adhlalna wa rabba l-aradîna wa

102 An-Nasâ'î, Ibn Hibbân et Al-Hâkim qui déclare sa chaîne de narrateurs *Sahîh*. Al-Albânî le déclare *Sahîh*.

mâ aqlalna wa rabba sh-shayâṯîni wa mâ aḏlalna wa rabba r-riyâẖi wa mâ dharayna fa-innâ nas'aluka khayra hâdhihi l-qaryati wa khayra ahlihâ wa na'ûdhu bika min sharrihâ wa sharri ahlihâ wa sharri mâ fîhâ.

Deuxième partie

جَامِعُ مَا يُسْتَحَبُّ أَنْ يُتَعَوَّذَ مِنْهُ

Recueil de ce contre quoi il est recommandé de chercher refuge auprès de Dieu

- التَّعَوُّذُ مِنَ الْجُوعِ وَالْخِيَانَةِ

– Se réfugier auprès de Dieu contre la faim et la trahison

67- عَنْ أَبِي هُرَيْرَةَ رَضِيَ اللهُ عَنْهُ قَالَ كَانَ رَسُولَ اللهِ صَلَّى اللهُ عَلَيْهِ وَسَلَّمَ يَقُولُ : « اللَّهُمَّ إِنِّي أَعُوذُ بِكَ مِنْ الْجُوعِ فَإِنَّهُ بِئْسَ الضَّجِيعُ وَأَعُوذُ بِكَ مِنْ الْخِيَانَةِ فَإِنَّهَا بِئْسَتِ الْبِطَانَةُ » .

67- Abû Hurayra (ﷺ) rapporte que l'Envoyé de Dieu (ﷺ) disait : « Mon Dieu, je me réfugie auprès de Toi contre la faim : quel affreux camarade de lit ! Et je me réfugie auprès de Toi contre la traîtrise : quel vilain ami intime ! »[103]

103 Abû Dâwûd, An-Nasâ'î et Ibn Mâjah. Al-Albânî le déclare <u>h</u>*asan*.

Allâhumma innî a'udhu bika mina l-jû'i fa-innahu bi'sa d-dajî'u wa a'ûdhu bika mina l-khiyânati fa-innahâ bi'sati l-biṯânatu

---

- التَّعَوُّذُ مِنْ جَارِ السُّوءِ

– Se réfugier auprès de Dieu contre le mauvais voisin

68- عَنْ أَبِي هُرَيْرَةَ رَضِيَ اللهُ عَنْهُ قَالَ: قَالَ رَسُولُ اللهِ صَلَّى اللهُ عَلَيْهِ وَسَلَّمَ: « تَعَوَّذُوا بِاللهِ مِنْ جَارِ السَّوْءِ فِي دَارِ الْمُقَامِ، فَإِنَّ جَارَ الْبَادِيَةِ يَتَحَوَّلُ عَنْكَ ».

وَفِي رِوَايَةِ ابْنِ حِبَّانَ وَالْحَاكِمِ: أَنَّ النَّبِيَّ صَلَّى اللهُ عَلَيْهِ وَسَلَّمَ كَانَ يَقُولُ: « اللَّهُمَّ إِنِّي أَعُوذُ بِكَ مِنْ جَارِ السُّوءِ فِي دَارِ الْمُقَامَةِ،

فَإِنَّ جَارَ الْبَادِيَةِ يَتَحَوَّلُ » .

68- Selon Abû Hurayra (ﷺ) l'Envoyé de Dieu (ﷺ) a dit : « Cherchez refuge auprès de Dieu contre le mauvais voisinage en demeure sédentaire, le voisinage en terre nomade étant provisoire. »[104]

Dans une version d'Ibn H̲ibbân et Al-H̲âkim, le Prophète (ﷺ) disait : « Seigneur ! Je cherche refuge auprès de Toi contre le mauvais voisinage en demeure sédentaire, car le voisinage en terre nomade est provisoire. »

Allâhumma innî a'ûdhu bika min jâri s-sû'i fî dâri l-muqâmati fa-inna jâra l-bâdiyati yatah̲awwalu

104 An-Nasâ'î, Ibn H̲ibbân et Al-H̲âkim qui le déclare *Sah̲îh̲* conformément aux conditions de Mulim. Al-Albânî le déclare *Sah̲îh̲*.

- التَّعَوُّذُ مِنْ يَوْمِ السُّوءِ وَلَيْلَةِ السُّوءِ وَسَاعَةِ السُّوءِ

– Se réfugier auprès de Dieu contre le mauvais jour, la mauvaise nuit et la mauvaise heure

69- عَنْ عُقْبَةَ بْنِ عَامِرٍ رَضِيَ اللهُ عَنْهُ قَالَ : كَانَ رَسُولَ اللهِ صَلَّى اللهُ عَلَيْهِ وَسَلَّمَ يَقُولُ : « اللَّهُمَّ إِنِّي أَعُوذُ بِكَ مِنْ يَوْمِ السُّوءِ ، وَمِنْ لَيْلَةِ السُّوءِ ، وَمِنْ سَاعَةِ السُّوءِ ، وَمِنْ صَاحِبِ السُّوءِ ، وَمِنْ جَارِ السُّوءِ فِي دَارِ الْمُقَامَةِ » .

69- 'Uqba Ibn 'Âmir (ﷺ) rapporte que l'Envoyé de Dieu (ﷺ) disait : « Mon Dieu, je me réfugie auprès de Toi contre le mauvais jour, contre la mauvaise nuit, contre la mauvaise heure, contre le mauvais compagnon et contre le mauvais voisin dans une terre sédentaire. »[105]

Allâhumma innî a'udhu bika min yawmi s-sû'i wa min laylati s-sû'i wa min sâ'ati s-sû'i wa min sâhibi s-sû'i wa min jâri s-sû'i fî dâri l-muqâmati

- التَّعَوُّذُ مِنَ الْعَاهَاتِ

– Se réfugier auprès de Dieu contre les défauts de conformation

70- عَنْ أَنَسِ بْنِ مَالِكٍ رَضِيَ اللهُ عَنْه أَنَّ النَّبِيَّ صَلَّى اللهُ عَلَيْهِ وَسَلَّمَ كَانَ يَقُولُ : « اللَّهُمَّ إِنِّي أَعُوذُ بِكَ مِنَ الْبَرَصِ وَالْجُنُونِ وَالْجُذَامِ وَسَيِّئِ الْأَسْقَامِ » .

105 At-Tabarânî et Al-Haythamî. Al-Albânî le déclare *hasan*.

وَفِي رِوَايَةِ الْحَاكِمِ :

(وَأَعُوذُ بِكَ مِنَ الصَّمَمِ وَالْبَكَمِ ، وَالْجُنُونِ وَالْبَرَصِ ، وَالْجُذَامِ وَسَيِّءِ الأَسْقَامِ) .

70- Anas Ibn Mâlik (ﷺ) rapporte que le Prophète (ﷺ) disait : « Mon Dieu, je me réfugie auprès de Toi contre la lèpre, la folie, l'éléphantiasis[106] et contre toutes les maladies pernicieuses. »[107]

Allâhumma a'ûdhu bika mina l-bara<u>s</u>i wa l-junûni wa l-judhâmi wa sayyi'i l-asqâmi

Dans la version d'Al-<u>H</u>âkim : « Je me

---

106 Ou, plus généralement, contre toute maladie par suite de laquelle les extrémités des membres pourrissent et tombent.

107 Abû Dâwûd, An-Nasâ'î, Ibn <u>H</u>ibbân et Al-<u>H</u>âkim. Al-Albânî le déclare *<u>S</u>a<u>h</u>î<u>h</u>*.

réfugie auprès de Toi contre la surdité, le mutisme, la folie, la lèpre, l'éléphantiasis et les maladies pernicieuses. »

Wa a'ûdhu bika mina s-samami wa l-bakami wa l-junûni wa l-barasi wa l-judhâmi wa sayyi'i l-asqâmi

---

– التَّعَوُّذُ مِنَ الْمَوْتَةِ الشَّنِيعَةِ

– Se réfugier auprès de Dieu contre la mort violente

71– عَنْ أَبِي الْيُسْرِ السُّلَمِي رَضِيَ اللهُ عَنْهُ قَالَ : كَانَ رَسُولَ اللهِ صَلَّى اللهُ عَلَيْهِ وَسَلَّمَ يَقُولُ : « اللَّهُمَّ إِنِّي أَعُوذُ بِكَ مِنَ الْهَدْمِ ، وَأَعُوذُ بِكَ مِنَ التَّرَدِّي ، وَأَعُوذُ بِكَ مِنَ الْغَرَقِ ، وَالْحَرِيقِ ، وَأَعُوذُ بِكَ أَنْ يَتَخَبَّطَنِي

الشَّيْطَانُ عِنْدَ الْمَوْتِ ، وَأَعُوذُ بِكَ أَنْ أَمُوتَ فِي سَبِيلِكَ مُدْبِرًا ، وَأَعُوذُ بِكَ أَنْ أَمُوتَ لَدِيغًا » .

71- D'après Abû Al-Yusr As-Sulamî (ﷺ), l'Envoyé de Dieu (ﷺ) disait : « Mon Dieu, je me réfugie auprès de Toi contre l'effondrement[108] ; je me réfugie auprès de Toi contre la chute[109] ; je me réfugie auprès de Toi contre la noyade et le feu ; je me réfugie auprès de Toi contre les suggestions de Satan au moment de l'agonie ; préserve-moi de mourir sur Ta voie en tournant les talons ou de mourir piqué par un animal venimeux. »[110]

---

108 De toute construction sur moi.

109 Du haut d'une montagne, dans un ravin ou dans un puits.

110 Abû Dâwûd, An-Nasâ'î et Al-Hâkim qui le déclare *Sahîh*. Al-Albânî le déclare *Sahîh*.

Allâhumma ini a'ûdhu bika mina t-taradî wa l-hadmi wa l-gharaqi wa l-harîqi wa a'ûdhu bika an yatakhabbaṯanî sh-shayṯânu 'inda l-mawti wa a'ûdhu bika an amûta fî sabîlika mudbiran wa a'ûdhu bika an amûta ladîghan

وَفِي رِوَايَةٍ لِأَبِي دَاوُدَ بِزِيَّادَةِ « وَالْغَمِّ ».

Dans la version d'Abû Dâwûd, il y a cet ajout : « Je me réfugie auprès de Toi contre l'affliction. »

A'ûdhu bika mina l-ghammi

- التَّعَوُّذُ مِنَ الْهَمِّ وَالْحَزَنِ وَضَلَعِ الدَّيْنِ

– Se réfugier auprès de Dieu contre les soucis, la tristesse et le poids des dettes

---

72- عَنْ أَنَسٍ رَضِيَ اللهُ عَنْهُ قَالَ: كَانَ النَّبِيُّ

صَلَّى اللهُ عَلَيْهِ وَسَلَّمَ يَقُولُ : « اللَّهُمَّ إِنِّي أَعُوذُ بِكَ مِنَ الْهَمِّ وَالْحَزَنِ وَالْعَجْزِ وَالْكَسَلِ وَالْجُبْنِ وَالْبُخْلِ وَضَلَعِ الدَّيْنِ وَغَلَبَةِ الرِّجَالِ » .

72- Anas Ibn Mâlik (ﷺ) rapporte que le Prophète (ﷺ) disait : « Mon Dieu, je me réfugie auprès de Toi contre les soucis, la tristesse, l'impuissance, la paresse, la lâcheté, l'avarice, l'excès des dettes et le joug des hommes. »[111]

Allâhumma innî a'ûdhu bika mina l-hammi wa l-hazani wa l-'ajzi wa l-kasali wa-l-jubni wa l-bukhli wa dala'i d-dayni wa ghalabati r-rijâli

111 Al-Bukhârî et Abû Dâwûd.

- التَّعَوُّذُ مِنَ الْمَأْثَمِ وَالْمَغْرَمِ

– Se réfugier auprès de Dieu contre les occasions de commettre des péchés et contre les dettes

73- عَنْ عَبْدِ اللهِ بْنِ عَمْرٍو رَضِيَ اللهُ عَنْهُمَا قَالَ: سَمِعْتُ رَسُولَ اللهِ صَلَّى اللهُ عَلَيْهِ وَسَلَّمَ يَقُولُ: « اللَّهُمَّ إِنِّي أَعُوذُ بِكَ مِنَ الْكَسَلِ، وَالْهَرَمِ، وَالْمَغْرَمِ، وَالْمَأْثَمِ، وَأَعُوذُ بِكَ مِنْ شَرِّ الْمَسِيحِ الدَّجَّالِ، وَأَعُوذُ بِكَ مِنْ عَذَابِ الْقَبْرِ، وَأَعُوذُ بِكَ مِنْ عَذَابِ النَّارِ ».

73- ‘Abd Allâh Ibn ‘Amr Ibn Al-‘Â<u>s</u> (ﷺ) a dit : « J'ai entendu l'Envoyé de Dieu (ﷺ) dire : « Mon Dieu, je me réfugie auprès de Toi contre la paresse, la décrépitude, les dettes et les occasions de pécher ;

Mon Dieu, je me réfugie auprès de Toi contre les méfaits de l'Antéchrist ; je me réfugie auprès de Toi contre le tourment de la tombe ; je me réfugie auprès de Toi contre le châtiment de l'Enfer. »[112]

Allâhumma innî a'ûdhu bika mina l-kasali wa l-harami wa l-maghrami wa l-ma'thami wa a'ûdhu bika min sharri l-ma<u>s</u>î<u>h</u>i d-dajjâli wa a'ûdhu bika min 'ad-hâbi l-qabri wa a'ûdhu bika min 'adhâbi n-nâri

---

- التَّعَوُّذُ مِنَ الْفَقْرِ وَالْقِلَّةِ وَالذِّلَّةِ

– Se réfugier auprès de Dieu contre la pauvreté, l'insuffisance des œuvres et contre l'humiliation

---

74- عَنْ أَبِي هُرَيْرَةَ رَضِيَ اللهُ عَنْه أَنَّ النَّبِيَّ

112 A<u>h</u>mad, An-Nasâ'î et Al-Bukhârî.

صَلَّى اللهُ عَلَيْهِ وَسَلَّمَ كَانَ يَقُولُ : « اللَّهُمَّ إِنِّي أَعُوذُ بِكَ مِنَ الْفَقْرِ وَالْقِلَّةِ وَالذِّلَّةِ وَأَعُوذُ بِكَ مِنْ أَنْ أَظْلِمَ أَوْ أُظْلَمَ » .

74- Abû Hurayra (﵁) rapporte que le Prophète (ﷺ) disait : « Mon Dieu, je me réfugie auprès de Toi contre la pauvreté, contre l'insuffisance des œuvres pies et contre l'humiliation ; je me réfugie auprès de Toi contre le fait d'être injuste ou de subir une injustice. »[113]

Allâhumma innî a'ûdhu bika mina l-faqri wa l-qillati wa dh-dhillati wa a'ûdhu bika min an adhlima aw udhlama

113 Abû Dâwûd, An-Nasâ'î et Al-Hâkim qui déclare sa chaîne de narrateurs *Sahîh*. Al-Albânî le déclare *Sahîh*.

– التَّعَوُّذُ مِنْ غَلَبَةِ الْعَدُوِّ

– Se réfugier auprès de Dieu contre la défaite face à l'ennemi

75- عَنْ عَبْدِ اللهِ بْنِ عَمْرِو بْنِ الْعَاصِ رَضِيَ اللهُ عَنْهُمَا أَنَّ رَسُولَ اللهِ صَلَّى اللهُ عَلَيْهِ وَسَلَّمَ كَانَ يَدْعُو بِهَؤُلَاءِ الْكَلِمَاتِ : « اللَّهُمَّ إِنِّي أَعُوذُ بِكَ مِنْ غَلَبَةِ الدَّيْنِ وَغَلَبَةِ الْعَدُوِّ وَشَمَاتَةِ الْأَعْدَاءِ ».

75- 'Abd Allâh Ibn 'Amr Ibn Al-'Âs (ﷺ) rapporte que l'Envoyé de Dieu (ﷺ) invoquait Dieu par ces paroles : « Mon Dieu, je me réfugie auprès de Toi contre le poids accablant des dettes, contre la dominance des hommes et contre tout malheur qui réjouirait les ennemis. »[114]

Allâhumma innî a'ûdhu bika min ghalabati d-dayni wa ghalabati l-'aduwwi wa shamâtati al-a'dâ'i

وَفِي رِوَايَةِ ابْنِ حِبَّانَ : « اللَّهُمَّ إِنِّي أَعُوذُ بِكَ مِنْ غَلبَةِ الدَّيْنِ ، وَغَلَبَةِ الْعِبَادِ ، وَشَمَاتَةِ الْأَعْدَاءِ » .

Dans la version d'Ibn Hibbân : « Mon Dieu, je me réfugie auprès de Toi contre le poids des dettes, contre la dominance des serviteurs et contre la joie que les ennemis pourraient tirer de mon malheur. »

Allâhumma innî a'ûdhu bika min ghalabati d-dayni wa ghalabati l-'ibâdi wa shamâtati al-a'dâ'i

114 Ahmad, An-Nasâ'î et Ibn Hibbân.

- التَّعَوُّذُ مِنْ جَهْدِ الْبَلَاءِ وَدَرَكِ الشَّقَاءِ وَسُوءِ الْقَضَاءِ وَشَمَاتَةِ الْأَعْدَاءِ

– Se réfugier auprès de Dieu contre diverses choses

76- عَنْ أَبِي هُرَيْرَةَ رَضِيَ اللَّهُ عَنْهُ أَنَّ رَسُولَ اللَّهِ صَلَّى اللَّهُ عَلَيْهِ وَسَلَّمَ كَانَ « **يَتَعَوَّذُ مِنْ جَهْدِ الْبَلَاءِ ، وَدَرَكِ الشَّقَاءِ ، وَسُوءِ الْقَضَاءِ ، وَشَمَاتَةِ الْأَعْدَاءِ** ».

76- Abû Hurayra (﵁) a dit : « L'Envoyé de Dieu (ﷺ) se réfugiait auprès de Dieu contre les assauts du malheur, l'âpreté de la misère, la malchance et le fait de procurer une mauvaise joie aux ennemis. »[115]

Allâhumma innî a'ûdhu bika min jahdi l-balâ'i wa daraki sh-shaqâ'i wa sû'i l-qa-

115 Al-Bukhârî et Muslim.

d̲â'i wa shamâtati al-a'dâ'i

- التَّعَوُّذُ مِنْ زَوَالِ النِّعْمَةِ وَتَحَوُّلِ الْعَافِيَةِ

– Se réfugier auprès de Dieu contre la disparition des faveurs et contre la dégradation de la santé

77- عَنْ عَبْدِ اللهِ بْنِ عُمَرَ رَضِيَ اللهُ عَنهما قَالَ: كَانَ مِنْ دُعَاءِ رَسُولِ اللهِ صَلَّى اللهُ عَلَيْهِ وَسَلَّمَ: « **اللَّهُمَّ إِنِّي أَعُوذُ بِكَ مِنْ زَوَالِ نِعْمَتِكَ وَتَحَوُّلِ عَافِيَتِكَ وَفُجَاءَةِ نِقْمَتِكَ وَجَمِيعِ سَخَطِكَ** ».

77- 'Abd Allâh Ibn 'Umar (ﷺ) a dit : L'Envoyé de Dieu (ﷺ) faisait cette invocation : « Mon Dieu, je cherche refuge auprès de Toi contre la perte de Tes bienfaits, contre la perte de la santé[116], contre la survenue de Ta vengeance et contre tout ce qui peut Te mettre en colère. »[117]

Allâhumma innî a'ûdhu bika min zawâli ni'matika wa ta<u>h</u>awwuli 'âfiyatika wa fujâ'ati niqmatika wa jamî'i sakha<u>t</u>ik

---

– التَّعَوُّذُ مِنْ مُنْكَرَاتِ الْأَخْلَاقِ وَالْأَعْمَالِ وَالْأَهْوَاءِ

– Se réfugier auprès de Dieu contre les mauvaises qualités, œuvres et passions

---

78– عَنْ قُطْبَةَ بْنِ مَالِكٍ رَضِيَ اللهُ عَنْهُ قَالَ كَانَ النَّبِيُّ صَلَّى اللهُ عَلَيْهِ وَسَلَّمَ يَقُولُ : « اللَّهُمَّ إِنِّي أَعُوذُ بِكَ مِنْ مُنْكَرَاتِ

116 Littéralement : contre la perte de la santé que Tu m'octroies.

117 Muslim et Abû Dâwûd.

الأَخْلاَقِ، وَالأَعْمَالِ، وَالأَهْوَاءِ ».

78- Qutba Ibn Mâlik (ﷺ) rapporte que l'Envoyé de Dieu (ﷺ) prononçait cette parole : « Mon Dieu, je cherche refuge auprès de Toi contre les mœurs et les actions blâmables, ainsi que contre les passions »[118].

Allâhumma innî a'ûdhu bika min munkarâti l-akhlâqi wa l-a'mâli wa l-ahwâ'i

---

التَّعَوُّذُ مِنَ الْخِصَالِ الَّتِي تَقْطَعُ عَنِ الطَّاعَةِ -

– Se réfugier auprès de Dieu contre les choses qui éloignent de l'obéissance (à Dieu)

79- عَنْ زَيْدِ بْنِ أَرْقَمَ رَضِيَ اللهُ عَنْهُ قَالَ : كَانَ رَسُولَ اللهِ صَلَّى اللهُ عَلَيْهِ وَسَلَّمَ يَقُولُ : « اللَّهُمَّ

118 At-Tirmidhî qui le qualifie de _hasan_, Ibn Hibbân et Al-Hâkim qui le déclare _Sahîh_. Al-Albânî le déclare _Sahîh_.

إِنِّي أَعُوذُ بِكَ مِنَ الْعَجْزِ وَالْكَسَلِ ، وَالْجُبْنِ وَالْبُخْلِ ، وَالْهَرَمِ وَعَذَابِ الْقَبْرِ ، اللَّهُمَّ آتِ نَفْسِي تَقْوَاهَا ، وَزَكِّهَا أَنْتَ خَيْرُ مَنْ زَكَّاهَا ، أَنْتَ وَلِيُّهَا وَمَوْلاَهَا ، اللَّهُمَّ إِنِّي أَعُوذُ بِكَ مِنْ عِلْمٍ لاَ يَنْفَعُ ، وَمِنْ قَلْبٍ لاَ يَخْشَعُ ، وَمِنْ نَفْسٍ لاَ تَشْبَعُ ، وَمِنْ دَعْوَةٍ لاَ يُسْتَجَابُ لَهَا » .

79- Zayd Ibn Arqam (ﷺ) a dit : « L'Envoyé de Dieu (ﷺ) disait : « Mon Dieu, je me réfugie auprès de Toi contre l'incapacité, la paresse, l'avarice, la décrépitude et le tourment de la tombe. Mon Dieu, octroie à mon âme la piété ; purifie-la, car c'est Toi qui es plus à même de la purifier, Tu es son Protecteur et Maître. Mon Dieu, garde-moi d'une science inutile, d'un cœur insensible[119], d'une âme insatiable et d'une

119 Dans les « *Sunan* » d'At-Tirmidhî, Ibn 'Umar rap-

invocation qui ne saurait être exaucée. »[120]

Allâhumma innî a'ûdhu bika mina l-'ajzi wa l-kasali wa l-jubni wa l-bukhli wa l-harami wa 'adhâbi l-qabri allâhumma âti nafsî taqwâhâ wa zakkihâ anta khayru man zakkâhâ anta waliyyuhâ wa mawlâhâ allâhumma innî a'ûdhu bika min 'ilmin lâ yanfa'u wa min qalbin lâ yakhsha'u wa min nafsin lâ tashba'u wa min da'watin lâ yustajâbu lahâ

- التَّعَوُّذُ مِنْ أَرْبَعٍ

– Se réfugier auprès de Dieu contre quatre choses

80- عَنْ عَبْدِ اللهِ بْنِ عَمْرٍو رَضِيَ اللهُ

porte que l'Envoyé de Dieu (ﷺ) a dit : « L'homme le plus éloigné de Dieu est celui au cœur dur. »

120 Muslim et At-Tirmidhî.

عَنْهما قالَ : كَانَ رَسُولَ اللهِ صَلَّى اللهُ عَلَيْهِ وَسَلَّمَ يَقُولُ : « اللَّهُمَّ إِنِّي أَعُوذُ بِكَ مِنْ قَلْبٍ لاَ يَخْشَعُ ، وَمِنْ نِدَاءٍ لاَ يُسْمَعُ ، وَمِنْ نَفْسٍ لاَ تَشْبَعُ ، وَمِنْ عِلْمٍ لاَ يَنْفَعُ ، أَعُوذُ بِكَ مِنْ هَؤُلاَءِ الأَرْبَعِ » .

وَهَذَا لَفْظُ التِّرْمِذِي، وَفِي رِوَايَةِ النَّسَائِي وَغَيْرِهِ : « دُعَاءٍ لاَ يُسْمَعُ » .

80- ‘Abd Allâh Ibn ‘Amr (ﷺ) rapporte que l’Envoyé de Dieu (ﷺ) disait : « Mon Dieu, je me réfugie auprès de Toi contre un cœur insensible (qui ne se recueille pas), une invocation qui ne saurait être exaucée, une âme insatiable et une science inutile. Je me réfugie auprès de Toi contre ces quatre (choses). »[121]

121 At-Tirmidhî, An-Nasâ’î et Al-Hâkim. Al-Albânî

Ce hadîth est rapporté en ces termes par At-Tirmidhî. Dans la version d'An-Nasâ'î et d'autres traditionnistes : « Une invocation qui ne saurait être exaucée. »

Allâhumma innî a'ûdhu bika min qalbin lâ yakhsha'u wa min nidâ'in lâ yusma'u wa min nafsin lâ tashba'u wa min 'ilmin lâ yanfa'u a'ûdhu bika min hâ'ulâ'i l-arba'i

du'â'in lâ yusma'u

81- وعَنْ أَنَسِ بْنِ مَالِكٍ رَضِيَ اللهُ عَنْه أَنَّ رَسُولَ اللهِ صَلَّى اللهُ عَلَيْهِ وَسَلَّمَ كَانَ يَقُولُ : « اللَّهُمَّ إِنِّي أَعُوذُ بِكَ مِنْ قَوْلٍ لاَ يُسْمَعُ ، وَعَمَلٍ لاَ يُرْفَعُ ، وَقَلْبٍ لاَ يَخْشَعُ ، وَعِلْمٍ لاَ يَنْفَعُ ».

81- Anas Ibn Mâlik (ﷺ) rapporte que l'Envoyé de Dieu (ﷺ) disait : « Mon

---

le déclare *Sahîh*.

Dieu, je me réfugie auprès de Toi contre une invocation qui ne saurait être exaucée, une œuvre qui ne saurait être élevée[122] aux cieux, un cœur insensible (qui ne se recueille pas) et une science inutile. »[123]

Allâhumma innî a'ûdhu bika min qawlin lâ yusma'u wa 'amalin lâ yurfa'u wa qalbin lâ yakhsha'u wa 'ilmin lâ yanfa'u

وَفِي رِوَايَةِ أَبِي دَاوُدَ : كَانَ رَسُولَ اللهِ صَلَّى اللهُ عَلَيْهِ وَسَلَّمَ يَقُولُ : « اللَّهُمَّ إِنِّي أَعُوذُ بِكَ مِنْ صَلاَةٍ لاَ تَنْفَعُ ».

Dans la version d'Abû Dâwûd : « L'Envoyé de Dieu (ﷺ) disait : « Mon Dieu, je me réfugie auprès de Toi contre une

---

122 Car une œuvre qui n'est pas élevée aux cieux est une œuvre rejetée.

123 Ahmad et Ibn Hibbân. Al-Albânî le déclare *Sahîh*.

prière inutile[124]. »

Allâhumma innî a'ûdhu bika min salâtin lâ tanfa'u

– التَّعَوُّذُ مِنَ السُّمْعَةِ وَالرِّيَاءِ وَالْقَسْوَةِ وَالْغَفْلَةِ وَالشِّقَاقِ وَالنِّفَاقِ

– Se réfugier auprès de Dieu contre l'ostentation, la recherche de renommée, la dureté, la distraction, la division et l'hypocrisie

---

82- عَنْ أَنَسِ بْنِ مَالِكٍ رَضِيَ اللهُ عَنْهُ قَالَ : كَانَ رَسُولَ اللهِ صَلَّى اللهُ عَلَيْهِ وَسَلَّمَ يَقُولُ فِي دُعَائِهِ : « **اللَّهُمَّ إِنِّي أَعُوذُ بِكَ من الْعَجْزِ**

124 Une prière inutile est celle qui n'est pas accomplie de la meilleure manière (avec toutes ses conditions : recueillement, lecture correcte du Coran, etc.) Elle est dès lors rejetée et donc inutile. Al-Albânî le déclare Sahîh.

وَالْكَسَلِ، وَالْجُبْنِ وَالْبُخلِ وَالْهرَمِ، وَالْقَسْوَةِ، وَالْغَفْلَةِ وَالْعِيلَةِ وَالذِّلةِ، وَالْمَسْكَنَةِ وَأَعُوذُ بِكَ مِنَ الْفَقْرِ وَالْكُفرِ وَالْفُسُوقِ وَالشِّقَاقِ وَالنِّفَاقِ وَالسُّمْعَةِ وَالرِّيَاءِ ، وَأَعُوذُ بِكَ مِنَ الصَّمَمِ وَالبَكَمِ ، وَالْجُنُونِ وَالْجُذَامِ ، وَالْبَرَصِ وَسَيِّئِ الْأَسْقَامِ » .

82- Anas Ibn Mâlik (﵁) a dit : L'Envoyé de Dieu (ﷺ) prononçait cette invocation : « Mon Dieu, je me réfugie auprès de Toi contre l'incapacité, la paresse, la lâcheté, l'avarice, la décrépitude, la dureté [du cœur], la distraction[125], l'indigence, l'avilissement et la misère. Je me réfugie auprès de Toi contre la pauvreté, la mécréance, la perversion, la sédition, l'hy-

---

125 Celle qui te fait oublier tes devoirs envers ton Seigneur et les bonnes œuvres.

pocrisie, l'ostentation et la recherche de la renommée ; je me réfugie auprès de Toi contre la surdité, le mutisme, la folie, la lèpre, l'éléphantiasis et les maladies pernicieuses. »[126]

Allâhumma innî a'ûdhu bika mina l-'ajzi wa l-kasali wa l-jubni wa l-bukhli wa l-harami wa l-qaswati wa l-ghaflati wa l-'aylati wa dh-dhillati wa l-maskanati wa a'ûdhu bika mina l-faqri wa l-kufri wa l-fusûqi wa sh-shiqâqi wa n-nifâqi wa s-sum'ati wa r-riyâ'i wa a'ûdhu bika mina <u>s</u>-<u>s</u>amami wa l-bukmi wa l-junûni wa l-jud-hâmi wa l-bara<u>s</u>i wa sayyi'i l-asqâmi

126 Ibn <u>H</u>ibbân, A<u>t</u>-<u>T</u>abarânî et Al-<u>H</u>âkim qui le déclare *<u>S</u>a<u>h</u>î<u>h</u>* conformément aux conditions des deux Sheikh ; suivi en cela par Adh-Dhahabî. Al-Albânî le déclare *<u>S</u>a<u>h</u>î<u>h</u>* conformément aux conditions d'Al-Bukhârî. Al-Haythâmî a dit que les narrateurs de ce *<u>h</u>adîth* comptent parmi les garants du *<u>S</u>a<u>h</u>î<u>h</u>*.

- التَّعَوُّذُ مِنَ الشِّرْكِ الأَصْغَرِ

– Se réfugier auprès de Dieu contre l'association difficilement décelable

83- عَنْ أَبِي مُوسَى الْأَشْعَرِيِّ رَضِيَ اللهُ عَنْهُ قَالَ : خَطَبَنَا رَسُولُ اللَّهِ صَلَّى اللهُ عَلَيْهِ وَسَلَّمَ ذَاتَ يَوْمٍ فَقَالَ : « **أَيُّهَا النَّاسُ ، اتَّقُوا هَذَا الشِّرْكَ ، فَإِنَّهُ أَخْفَى مِنْ دَبِيبِ النَّمْلِ** » . فَقَالَ لَهُ مَنْ شَاءَ اللهُ أَنْ يَقُولُ : وَكَيْفَ نَتَّقِيهِ وَهُوَ أَخْفَى مِنْ دَبِيبِ النَّمْلِ يَا رَسُولَ اللهِ ؟ قَالَ: « **قُولُوا : اللَّهُمَّ إِنَّا نَعُوذُ بِكَ مِنْ أَنْ نُشْرِكَ بِكَ شَيْئًا نَعْلَمُهُ ، وَنَسْتَغْفِرُكَ لِمَا لاَ نَعْلَمُ** » .

83- Abû Mûsâ Al-Ash'arî (﵁) a dit : L'Envoyé de Dieu (ﷺ) nous a fait un jour ce discours : « Ô gens ! Défiez-vous de cette association, car elle est plus sournoise que la marche lente des fourmis ». Quelqu'un lui dit : « Comment nous en défier, alors qu'elle est plus sournoise que la marche lente des fourmis, Ô Messager de Dieu ? » Il répondit : « Dites : « Dieu, préserve-nous de T'associer ce que nous connaissons et pardonne-nous de T'associer ce que nous ignorons. »[127]

Allâhumma 'innâ na'âdhu bika min an nushrika bika shay'an na'lamuhu wa nastaghfiruka limâ lâ na'lamu

---

– التَّعَوُّذُ بِعِزَّةِ اللهِ تَعَالَى مِنَ الضَّلَالِ

– Se réfugier auprès de la toute puissance de Dieu contre l'égarement

---

84- عَنْ ابْنِ عَبَّاسٍ رَضِيَ اللهُ عَنْهُما أَنَّ النَّبِيَّ

127 Rapporté par Ahmad, At-Tabarânî et Al-Haythamî. Ce dernier a dit : Les narrateurs de ce *hadîth* comptent parmi les garants du Sahîh, hormis Abû 'Alî, lequel est déclaré sûr par Ibn Hibbân. Al-Albânî a dit : Il est *hasan* par autre que lui.

صَلَّى اللهُ عَلَيْهِ وَسَلَّمَ كَانَ يَقُولُ : « اللَّهُمَّ إِنِّي أَعُوذُ بِعِزَّتِكَ لاَ إِلَهَ إِلاَّ أَنْتَ أَنْ تُضِلَّنِي أَنْتَ الْحَيُّ الَّذِي لاَ يَمُوتُ وَالْجِنُّ وَالإِنْسُ يَمُوتُونَ ».

84- Ibn ‘Abbâs (ﷺ) rapporte que le Prophète (ﷺ) a dit : Mon Dieu ! Je me réfugie auprès de Ta puissance – Il n’y a d’autre dieu que Toi – contre l’égarement. Tu es le Vivant qui ne meurt point alors que les djinns et les humains sont des mortels. »[128]

Allâhumma innî a‘ûdhu bi-‘izzatika lâ ilâha illâ anta an tudillanî anta l-hayyu l-ladhî lâ yamûtu wa l-jinnu wa l-‘insu yamûtûna

128 Al-Bukhârî et Muslim.

بَابُ التَّعَوُّذُ مِنَ الشُّرُورِ

Chapitre : Se réfugier auprès de Dieu contre différents maux

– التَّعَوُّذُ مِنْ شَرِّ النَّفْسِ

– Se réfugier auprès de Dieu contre le mal qui émane de l'âme

85- عَنْ عُثْمَانَ بْنِ أَبِي الْعَاصِ ، وَامْرَأَةٍ مِنْ قُرَيْشٍ أَنَّهُمَا سَمِعَا رَسُولَ اللهِ صَلَّى اللهُ عَلَيْهِ وَسَلَّمَ: قَالَ أَحَدُهُمَا : سَمِعْتُهُ يَقُولُ : « اللَّهُمَّ اغْفِرْ لِي ذَنْبِي وَخَطَئِي وَعَمْدِي » وَقَالَ الْآخَرُ : إِنِّي سَمِعْتُهُ يَقُولُ : « اللَّهُمَّ أَسْتَهْدِيكَ

لأَرْشَدِ أَمْرِي وَأَعُوذُ بِكَ مِنْ شَرِّ نَفْسِي » .

85- ‘Uthmân Ibn Abî Al-‘Âs (ﷺ) et une femme de Quraysh rapportent avoir entendu l’Envoyé de Dieu (ﷺ) dire, pour l’un : « Mon Dieu, pardonne mes péchés, mes fautes et mes actions réfléchies » et pour l’autre : « Mon Dieu, je Te demande de me guider vers la bonne Direction qui permet la réussite de mes affaires [terrestres et de celles de l’audelà] ; et je me réfugie auprès de Toi contre le mal engendré par mon âme. »[129]

Allâhumma ghfir lî dhanbî wa khata’î wa ‘amdî

Allâhumma astahdîka li-arshadi amrî wa a‘ûdhu bika min sharri nafsî

---

129 Ahmad et Ibn Hibbân. Al-Albânî a dit : Sa chaîne de transmetteurs est *jayyid* (bon).

86- وعَنْ فَرْوَةَ بْنِ نَوْفَلٍ قَالَ : سَأَلْتُ عَائِشَةَ رَضِيَ اللهُ عَنْهَا عَنْ دُعَاءِ النَّبِيِّ صَلَّى اللهُ عَلَيْهِ وَسَلَّمَ قَالَتْ : كَانَ يَقُولُ : « **اللَّهُمَّ إِنِّي أَعُوذُ بِكَ مِنْ شَرِّ مَا عَمِلَتْهُ نَفْسِي** ».

86- Farwa Ibn Nawfal (ﷺ) rapporte : J'ai interrogé 'Â'isha (ﷺ) sur l'invocation du Prophète (ﷺ). Elle me dit : Il disait : « Mon Dieu ! Je me réfugie auprès de Toi contre le mal que mon âme a commis »[130]

- التَّعَوُّذُ مِنْ شَرِّ الْغِنَى وَالْفَقْرِ

– Se réfugier auprès de Dieu contre le mal qui découle de la pauvreté et de la richesse

---

87- عَنْ عَائِشَةَ رَضِيَ اللهُ عَنْهَا : أَنَّ النَّبِيَّ

130 Muslim.

صَلَّى اللهُ عَلَيْهِ وَسَلَّمَ كَانَ يَدْعُو بِهَؤُلَاءِ الْكَلِمَاتِ : « اللَّهُمَّ إِنِّي أَعُوذُ بِكَ مِنْ فِتْنَةِ النَّارِ، وَعَذَابِ النَّارِ، وَمِنْ شَرِّ الْغِنَى وَالْفَقْرِ ».

87- ‘Â’isha (رضي الله عنها) rapporte : « Le Prophète (ﷺ) invoquait (Dieu) en ces termes : « Mon Dieu, garde-moi de l’épreuve du Feu et du châtiment du Feu ; garde-moi du mal que comportent la richesse et la pauvreté. »[131]

Allâhumma innî a‘ûdhu bika mina fitnati n-nâri wa ‘adhâbi n-nâri wa min sharri l-ghinâ wa l-faqri

131 Abû Dâwûd et At-Tirmidhî qui le qualifie de *hasan Sahîh*. Al-Albânî le déclare *Sahîh*.

- التَّعَوُّذُ مِنْ شَرِّ مَا عَمِلَ وَمَا لَمْ يَعْمَلْ

– Se réfugier auprès de Dieu contre le mal qu'on a fait et contre celui qu'on n'a pas fait

88- عَنْ عَائِشَةَ رَضِيَ اللهُ عَنْهَا أَنَّ النَّبِيَّ صَلَّى اللهُ عَلَيْهِ وَسَلَّمَ كَانَ يَقُولُ: «اللَّهُمَّ إِنِّي أَعُوذُ بِكَ مِنْ شَرِّ مَا عَمِلْتُ وَمِنْ شَرِّ مَا لَمْ أَعْمَلْ».

88- 'Â'isha (رضي الله عنها) rapporte : « Le Prophète (ﷺ) prononçait cette parole : "Mon Dieu, je me réfugie auprès de Toi contre le mal que j'ai commis et contre le mal que je n'ai pas commis". »[132]

Allâhumma innî a'ûdhu bika min sharri mâ 'amiltu wa min sharri mâ lam a'mal

132 Ahmad et Muslim.

- التَّعَوُّذُ مِنْ عَاجِلِ الشَّرِّ وَآجِلِهِ

– Se réfugier auprès de Dieu contre le mal qu'il soit immédiat ou à venir

89- عَنْ شَدَّادِ بْنِ أَوْسٍ رَضِيَ اللهُ عَنْهُ قَالَ كَانَ رَسُولَ اللهِ، صَلَّى اللهُ عَلَيْهِ وَسَلَّمَ يُعَلِّمُنَا أَنْ نَقُولَ: « اللَّهُمَّ إِنِّي أَسَأَلُكَ الثَّبَاتَ فِي الأَمْرِ، وَأَسَأَلُكَ عَزِيمَةَ الرُّشْدِ، وَأَسْأَلُكَ شُكْرَ نِعْمَتِكَ، وَحُسْنَ عِبَادَتِكَ، وَأَسْأَلُكَ لِسَانًا صَادِقاً، وَقَلْباً سَلِيمًا، وَأَعُوذُ بِكَ مِنْ شَرِّ مَا تَعْلَمُ، وَأَسَأَلُكَ مِنْ خَيْرِ مَا تَعْلَمُ، وَأَسْتَغْفِرُكَ مِمَّا تَعْلَمُ، إِنَّكَ أَنْتَ عَلَّامُ الْغُيُوبِ ».

89- Shaddâd Ibn Aws (ﷺ) rapporte que l'Envoyé de Dieu (ﷺ) leur apprenait cette parole : « Mon Dieu, je Te demande la fermeté dans la foi, la résolution à la droiture, la reconnaissance de Tes bienfaits, l'excellence dans l'adoration, une langue véridique et un cœur sain. Je me réfugie auprès de Toi contre le mal que Tu connais, je Te demande le bien que Tu connais et j'implore Ton pardon pour ce que Tu connais. C'est Toi le connaisseur de l'insondable. »[133]

Allâhumma innî as'aluka th-thabâta fi l-amri wa 'azîmata r-ruchdi wa as'aaluka chukra ni'matika wa husna 'ibâdatika wa as'aluka lisânan sâdiqan wa qalban salîman wa a'ûdhu bika min sharri ma ta'lamu wa as'aluka min khayri mâ ta'lamu wa astaghfiruka mi-mmâ ta'lamu innka

133 Ahmad, At-Tirmidhî et Al-Hâkim qui le déclare *Sahîh* conformément aux conditions de Muslim.

anta 'allâmu l-ghuyûb

- التَّعَوُّذُ مِنْ شَرِّ الْجَوَارِحِ

– Se réfugier auprès de Dieu contre les méfaits des sens

90- عَنْ شَكَلِ بْنِ حُمَيْدٍ رَضِيَ اللَّهُ عَنْهُ قَالَ : أَتَيْتُ النَّبِيَّ صَلَّى اللَّهُ عَلَيْهِ وَسَلَّمَ فَقُلْتُ : يَا رَسُولَ اللهِ عَلِّمْنِي تَعَوُّذًا أَتَعَوَّذُ بِهِ قَالَ : فَأَخَذَ بِكَتِفِي فَقَالَ : قُلْ : « **اللَّهُمَّ إِنِّي أَعُوذُ بِكَ مِنْ شَرِّ سَمْعِي وَمِنْ شَرِّ بَصَرِي وَمِنْ شَرِّ لِسَانِي وَمِنْ شَرِّ قَلْبِي وَمِنْ شَرِّ مَنِيِّي** » .

90- Shakal Ibn Humayd (ﷺ) a dit : « Je demandai à l'Envoyé de Dieu (ﷺ) : « Ô Envoyé de Dieu, apprends-moi une invocation. » Il répondit : « Dis : « Mon Dieu, préserve-moi du mal que comportent mon ouïe, ma vue, ma langue, mon cœur et mon sexe[134]. »[135]

Allâhumma innî a'ûdhu bika min sharri sam'î wa min sharri ba<u>s</u>arî wa min sharri lisânî wa min sharri qalbî wa min sharri maniyyî

- التَّعَوُّذُ مِنْ شَرِّ الْمَحْيَا وَالْمَمَاتِ

– Se réfugier auprès de Dieu contre les troubles de la vie et de la mort

91- عَنْ أَبِي هُرَيْرَةَ رَضِيَ اللهُ عَنْه أَنَّ النَّبِيَّ صَلَّى اللهُ عَلَيْهِ وَسَلَّمَ « كَانَ يَتَعَوَّذُ من شَرِّ

134 Littéralement : mon sperme ; cependant, on trouve chez Abû Dâwûd l'explication suivante : « C'est-à-dire, son sexe. »

135 Abû Dâwûd, At-Tirmidhî qui le qualifie de *<u>h</u>asan <u>S</u>a<u>h</u>î<u>h</u>*, An-Nasâ'î et Al-<u>H</u>âkim qui le déclare *<u>S</u>a<u>h</u>î<u>h</u>*. Al-Albânî le déclare *<u>S</u>a<u>h</u>î<u>h</u>*.

الْمَحْيَا وَالْمَمَاتِ وَعَذَابِ الْقَبْرِ وَشَرِّ فِتْنَةِ الْمَسِيحِ الدَّجَّالِ ».

91- Abû Hurayra (ﷺ) rapporte que le Prophète (ﷺ) « cherchait refuge auprès de Dieu contre l'épreuve de la vie et de la mort, contre le châtiment de la tombe et l'épreuve funeste du faux messie. »[136]

---

136 Ibn Hibbân et Al-Bukhârî dans *Al-Adab Al-Mufrad*. Al-Albânî le déclare Sahîh.

بَابُ التَّعَوُّذِ مِنْ شَرِّ الْفِتَنِ

Chapitre : Se réfugier auprès de Dieu contre les troubles

- التَّعَوُّذُ مِمَّا ظَهَرَ مِنَ الْفِتَنِ وَمَا بَطَنَ

– Se réfugier auprès de Dieu contre les troubles apparents et cachés

92- عَنْ أَبِي سَعِيدٍ الْخُدْرِي رَضِيَ اللهُ عَنْهُ قَالَ: حَدَّثَنَا زَيْدُ بْنُ ثَابِتٍ قَالَ : « بَيْنَمَا النَّبِيُّ صَلَّى اللَّهُ عَلَيْهِ وَسَلَّمَ فِي حَائِطٍ لِبَنِي النَّجَّارِ عَلَى بَغْلَةٍ لَهُ ، وَنَحْنُ مَعَهُ إِذْ حَادَتْ بِهِ ، فَكَادَتْ تُلْقِيهِ وَإِذَا أَقْبُرٌ سِتَّةٌ أَوْ خَمْسَةٌ أَوْ أَرْبَعَةٌ ، فَقَالَ :

« مَنْ يَعْرِفُ أَصْحَابَ هَذِهِ الْأَقْبُرِ ؟ » ، فَقَالَ رَجُلٌ : أَنَا قَالَ : فَمَتَى مَاتَ هَؤُلَاءِ ؟ ، قَالَ : مَاتُوا فِي الْإِشْرَاكِ ؟ ، فَقَالَ : « إِنَّ هَذِهِ الْأُمَّةَ تُبْتَلَى فِي قُبُورِهَا ، فَلَوْلَا أَنْ لَا تَدَافَنُوا لَدَعَوْتُ اللَّهَ أَنْ يُسْمِعَكُمْ مِنْ عَذَابِ الْقَبْرِ الَّذِي أَسْمَعُ مِنْهُ » ، ثُمَّ أَقْبَلَ عَلَيْنَا بِوَجْهِهِ ، فَقَالَ : « تَعَوَّذُوا بِاللَّهِ مِنْ عَذَابِ النَّارِ » ، قَالُوا : نَعُوذُ بِاللَّهِ مِنْ عَذَابِ النَّارِ ، فَقَالَ : « تَعَوَّذُوا بِاللَّهِ مِنْ عَذَابِ الْقَبْرِ » ، قَالُوا : نَعُوذُ بِاللَّهِ مِنْ عَذَابِ الْقَبْرِ. قَالَ : « تَعَوَّذُوا بِاللَّهِ مِنَ الْفِتَنِ مَا ظَهَرَ مِنْهَا وَمَا بَطَنَ ». قَالُوا : نَعُوذُ بِاللَّهِ مِنَ الْفِتَنِ مَا ظَهَرَ مِنْهَا وَمَا بَطَنَ قَالَ : « تَعَوَّذُوا

بِاللَّهِ مِنْ فِتْنَةِ الدَّجَّالِ ». قَالَوا : نَعُوذُ بِاللَّهِ مِنْ فِتْنَةِ الدَّجَّالِ.

92- Abû Sa'îd Al-Khudrî (﵁) rapporte que Zayd Ibn Thâbit a dit : « Nous étions avec le Prophète (ﷺ) dans un jardin (palmeraie) de Banî An-Najjâr. La mule qu'il montait quitta le chemin et faillit le faire tomber dans un lieu où six (ou cinq ou quatre) personnes étaient enterrées. Il demanda : « Qui connaît les habitants de ces tombes ? » Un homme répondit : Moi. – Quand est-ce qu'ils sont morts ? » interrogea l'Envoyé de Dieu (ﷺ). – Ils sont morts en idolâtres. L'Envoyé de Dieu (ﷺ) dit : « Cette communauté est soumise à l'épreuve de la tombe ; et si je ne craignais pas que vous n'enterriez plus vos morts, j'aurais demandé à Dieu de vous faire entendre le tourment qu'ils subissent et que j'entends. » Puis il se tourna vers nous et dit : « Cherchez refuge auprès de Dieu contre le châtiment de l'Enfer. » Ils dirent : "Nous nous réfugions auprès de Dieu contre le châtiment de l'Enfer." L'Envoyé de Dieu (ﷺ) dit : « Cherchez refuge auprès de Dieu contre le châtiment de la tombe. » Ils dirent : "Nous nous réfugions auprès de Dieu contre le châtiment de la tombe." L'Envoyé de Dieu (ﷺ) dit : "Cherchez refuge auprès de Dieu contre les troubles visibles et invisibles.". Ils dirent : "Nous nous réfugions auprès de Dieu contre ce qui apparaît de troubles et ce qui demeure tu.» L'Envoyé de Dieu (ﷺ) dit : « Cherchez refuge auprès de Dieu contre l'épreuve du faux messie. » Ils dirent : "Nous nous réfugions auprès de Dieu contre l'épreuve du faux messie." »[137]

Na'ûdhu billâhi min 'adhâbi n-nâri

---

137 Muslim et Ibn Abî Shayba.

Na‘ûdhu billâhi min ‘adhâbi l-qabri

Na‘ûdhu billâhi mina l-fitani mâ dhahara minhâ wa mâ baṯana

Na‘ûdhu billâhi min fitnati d-dajjâli

- التَّعَوُّذُ مِنْ فِتْنَةِ الْغِنَى وَالْفَقْرِ

– Se réfugier auprès de Dieu contre l'épreuve de la richesse et contre celle de la pauvreté

93- عَنْ عَائِشَةَ رَضِيَ اللهُ عَنْهَا أَنَّ النَّبِيَّ صَلَّى اللهُ عَلَيْهِ وَسَلَّمَ كَانَ يَدْعُو بِهَؤُلَاءِ الْكَلِمَاتِ: « اللَّهُمَّ إِنِّي أَعُوذُ بِكَ مِنْ فِتْنَةِ النَّارِ وَعَذَابِ النَّارِ وَفِتْنَةِ الْقَبْرِ وَعَذَابِ الْقَبْرِ وَشَرِّ فِتْنَةِ الْغِنَى وَشَرِّ فِتْنَةِ الْفَقْرِ اللَّهُمَّ إِنِّي أَعُوذُ بِكَ مِنْ شَرِّ فِتْنَةِ الْمَسِيحِ

الدَّجَّالِ اللَّهُمَّ اغْسِلْ قَلْبِي بِمَاءِ الثَّلْجِ وَالْبَرَدِ وَنَقِّ قَلْبِي مِنَ الْخَطَايَا كَمَا نَقَّيْتَ الثَّوْبَ الْأَبْيَضَ مِنَ الدَّنَسِ وَبَاعِدْ بَيْنِي وَبَيْنَ خَطَايَايَ كَمَا بَاعَدْتَ بَيْنَ الْمَشْرِقِ وَالْمَغْرِبِ اللَّهُمَّ إِنِّي أَعُوذُ بِكَ مِنَ الْكَسَلِ وَالْمَأْثَمِ وَالْمَغْرَمِ ».

93- D'après 'Â'isha (رضي الله عنها), le Prophète (ﷺ) disait : « Mon Dieu je me réfugie auprès de Toi contre le trouble de l'Enfer et les tourments de l'Enfer, contre le trouble de la tombe, contre les tourments de la tombe, contre le trouble funeste de la richesse et contre le trouble funeste de la pauvreté. Mon Dieu, je me réfugie auprès de Toi contre le trouble du faux messie. Mon Dieu, lave mon cœur avec l'eau de la neige et de la glace, purifie mon cœur de ses fautes comme Tu enlèves les taches d'un vêtement blanc. Mets entre mes fautes et moi l'écart qui existe entre l'orient et l'occident. Mon Dieu, je me réfugie auprès de Toi contre la paresse, les occasions de pécher et les dettes excessives. »[138]

Allâhumma innî a'ûdhu bika min fitnati n-nâri wa 'adhâbi n-nâri wa 'adhâbi l-qabri wa sharri fitnati l-ghinâ wa sharri fitnati l-faqri allâhumma innî a'ûdhu bika min fitnati l-maṯîḫi d-dajjâli allâhumma ghsil qalbî bi-mâ'i th-thalji wa l-baradi wa naqqi qalbî mina l-khatâya ka-mâ naqqayta th-thawba l'-abyaḏa mina d-danasi wa bâ'id baynî wa bayna khaṯâyâya kamâ bâ'dta bayna l-mashriqi wa l-maghrib allâhumma innî a'ûdhu bika mina l-kasali wa l-ma'thami wa l-maghrami

138 Al-Bukhârî et Muslim.

- التَّعوُّذُ مِنْ فِتْنَةِ الْمَحْيا والْمَماتِ

– Se réfugier auprès de Dieu contre l'épreuve de la vie et de la mort

94- عَنْ عُثْمَانَ بْنِ أَبِي الْعَاصِ رَضِيَ اللهُ عَنْه : أَنَّ النَّبِيَّ صَلَّى اللهُ عَلَيْهِ وَسَلَّمَ كَانَ يَدْعُو بِهَذِهِ الدَّعَوَاتِ : « اللَّهُمَّ إِنِّي أَعُوذُ بِكَ مِنَ الْكَسَلِ ، وَالْهَرَمِ ، وَالْجُبْنِ ، وَالْعَجْزِ ، وَمِنْ فِتْنَةِ الْمَحْيَا وَالْمَمَاتِ » .

94- 'Uthmân Ibn Abî Al-'Âs (ﷺ) rapporte que le Prophète (ﷺ) invoquait Dieu par ces paroles : « Mon Dieu, je me réfugie auprès de Toi contre la paresse, la décrépitude, la lâcheté et l'incapacité ; je me réfugie auprès de Toi contre l'épreuve de la vie et de la mort. »[139]

Allâhumma innî a'ûdhu bika mina l-kasali wa l-harami wa l-jubni wa l-'ajzi wa min fitnati l-ma<u>h</u>yâ wa l-mamâti

- التَّعَوُّذُ مِنْ فِتْنَةِ الدُّنْيَا

– Se réfugier auprès de Dieu contre l'épreuve de la vie terrestre

95- عَنْ مُصْعَبِ بْنِ سَعْدٍ أَنَّ سَعْدَ بْنَ أَبِي وَقَّاصٍ رَضِيَ اللهُ عَنْه كَانَ يَأْمُرُ بِهَؤُلَاءِ الْخَمْسِ وَيُحَدِّثُهُنَ عَنِ النَّبِيِّ صَلَّى اللهُ عَلَيْهِ وَسَلَّمَ : « اللَّهُمَّ إِنِّي أَعُوذُ بِكَ مِنَ الْبُخْلِ وَأَعُوذُ بِكَ مِنَ الْجُبْنِ وَأَعُوذُ بِكَ أَنْ أُرَدَّ إِلَى

139 An-Nasâ'î. Al-Albânî dit que la chaîne des transmetteurs de ce <u>h</u>adîth est <u>S</u>a<u>h</u>î<u>h</u>.

أَرْذَلِ الْعُمُرِ وَأَعُوذُ بِكَ مِنْ فِتْنَةِ الدُّنْيَا وَأَعُوذُ بِكَ مِنْ عَذَابِ الْقَبْرِ ».

95- Mus̲‘ab Ibn Sa‘d rapporte que Sa‘d Ibn Abî Waqqâs̲ (ﷺ) leur ordonnait ces cinq choses qu'il disait tenir du Prophète (ﷺ) : « Mon Dieu, je me réfugie auprès de Toi contre l'avarice ; je me réfugie auprès de Toi contre la lâcheté ; je me réfugie auprès de Toi contre la déchéance de l'âge ; je me réfugie auprès de Toi contre les troubles de ce monde et je me réfugie auprès de Toi contre les tourments de la tombe. »[140]

Allâhumma innî a‘ûdhu bika mina l-bukhli wa a‘ûdhu bika mina l-jubni wa a‘ûdhu bika an uradda ilâ ardhali al-‘umuri wa a‘ûdhu bika mina fitnati d-du-

140 Al-Bukhârî et At-Tirmidhî.

nyâ wa a'ûdhu bika min 'adhâbi l-qabri

- التَّعَوُّذُ مِنْ فِتْنَةِ الصَّدْرِ

– Se réfugier auprès de Dieu contre les maladies du cœur

96- عَنْ عُمَرَ بْنِ الْخَطَّابِ رَضِيَ اللهُ عَنْه قَالَ : كَانَ رَسُولَ اللهِ صَلَّى اللهُ عَلَيْهِ وَسَلَّمَ يَتَعَوَّذُ مِنْ خَمْسٍ : « اللَّهُمَّ إِنِّي أَعُوذُ بِكَ مِنَ الْجُبْنِ ، وَالْبُخْلِ ، وَسُوءِ الْعُمُرِ ، وَفِتْنَةِ الصَّدْرِ ، وَعَذَابِ الْقَبْرِ » .

96- D'après 'Umar Ibn Al-Khattâb (ﷺ), l'Envoyé de Dieu (ﷺ) cherchait refuge auprès de Dieu contre cinq (choses) [Il disait] : « Mon Dieu, je me réfugie auprès de Toi contre la lâcheté, l'avarice, le retour à l'âge le plus misérable de la vie, les troubles du cœur et le châtiment de la tombe. »[141]

Allâhumma innî a'ûdhu bika mina l-jubni wa l-bukhli wa sû'i al-'umuri wa fitnati s-sadri wa 'adhâbi l-qabri

141 Ahmad, An-Nasâ'î et Al-Hâkim qui le déclare *Sahîh* conformément aux conditions des deux Sheikhs.

بَابُ التَّعَوُّذِ مِنَ النَّارِ

Chapitre : Se réfugier auprès de Dieu contre l'Enfer

– التَّعَوُّذُ مِنْ حَالِ أَهْلِ النَّارِ

– Se réfugier auprès de Dieu contre la situation des gens de l'Enfer

97- عَنْ أَبِي هُرَيْرَةَ رَضِيَ اللَّهُ عَنْهُ قَالَ : قَالَ رَسُولُ اللَّهِ صَلَّى اللَّهُ عَلَيْهِ وَسَلَّمَ : « اللَّهُمَّ انْفَعْنِي بِمَا عَلَّمْتَنِي، وَعَلِّمْنِي مَا يَنْفَعُنِي، وَزِدْنِي عِلْمًا، وَالْحَمْدُ لِلَّهِ عَلَى كُلِّ حَالٍ، وَأَعُوذُ بِاللَّهِ مِنْ حَالِ أَهْلِ النَّارِ ».

97- Abû Hurayra (ﷺ) rapporte que l'Envoyé de Dieu (ﷺ) a dit : « Mon Dieu, fais-moi profiter de ce que Tu m'as appris ; apprends-moi ce qui peut m'être utile et augmente ma science. Loué soit Dieu en toutes circonstances et je me réfugie auprès de Lui contre l'état des habitants de l'Enfer. »[142]

Allâhumma nfa'nî bi-mâ 'allamtanî wa 'allimnî mâ yanfa'unî wa zidnî 'ilman al-<u>h</u>amdu li-llâhi 'alâ kulli <u>h</u>âlin wa a'ûdhu bi-llâhi min <u>h</u>âli ahli n-nâri

---

- التَّعَوُّذُ مِنْ حَرِّ النَّارِ

– Se réfugier auprès de Dieu contre la chaleur ardente de l'Enfer

---

98- عَنْ عَائِشَةَ رَضِيَ اللهُ عَنْهَا أَنَّهَا

142 At-Tirmidhî qui le qualifie de *<u>h</u>asan Gharîb* (bon et isolé), et Ibn Mâjah.

قَالَتْ : قَالَ رَسُولُ اللهِ صَلَّى اللهُ عَلَيْهِ وَسَلَّمَ : « اللَّهُمَّ رَبَّ جِبْرَائِيلَ وَمِيكَائِيلَ وَرَبَّ إِسْرَافِيلَ أَعُوذُ بِكَ مِنْ حَرِّ النَّارِ وَمِنْ عَذَابِ الْقَبْرِ » .

98- D'après 'Â'isha (ﵺ), l'Envoyé de Dieu (ﷺ) a dit : « Seigneur de Jibrîl (Gabriel) et de Michael, et Seigneur d'Isrâfîl, je me réfugie auprès de Toi contre la chaleur ardente de l'Enfer et contre le châtiment de la tombe. »[143]

Allâhumma rabba jibrâ'îla wa mîkâ'îla wa îsrâfîla a'ûdhu bika min harri n-nâri wa min 'adhâbi l-qabri

143 Ahmad, An-Nasâ'î et At-Tabarânî. Al-Albânî le qualifie de *hadîth hasan*.

- التَّعَوُّذُ مِنَ النَّارِ ثَلَاثًا

– Se réfugier auprès de Dieu contre l'Enfer (trois fois)

99- عَنْ أَنَسِ بْنِ مَالِكٍ رَضِيَ اللهُ عَنْهُ قَالَ: قَالَ رَسُولُ اللهِ صَلَّى اللهُ عَلَيْهِ وَسَلَّمَ: «مَنْ سَأَلَ اللهَ الْجَنَّةَ ثَلَاثًا، قَالَتِ الْجَنَّةُ: اللَّهُمَّ أَدْخِلْهُ الْجَنَّةَ، وَمَنْ تَعَوَّذَ بِاللهِ مِنَ النَّارِ ثَلَاثًا، قَالَتِ النَّارُ: اللَّهُمَّ أَعِذْهُ مِنِّي».

99- D'après Anas Ibn Mâlik (ﷺ), l'Envoyé de Dieu (ﷺ) a dit : « Quiconque demande à Dieu le Paradis (trois fois), celui-ci dit : "Mon Dieu, fais-le entrer au Paradis." et quiconque se réfugie auprès de Dieu contre l'Enfer (trois fois), celui-ci dit : "Mon Dieu, épargne-lui l'Enfer" »[144]

144 Abû Dâwûd, Ahmad et Al-Hâkim qui qualifie sa chaîne des transmetteurs de *hasan*. Al-Albânî le déclare *Sahîh*.

أَدْعِيَةٌ أُخْرَى

D’autres demandes de protection

100 - عَنْ أَسْمَاءَ بِنْتِ أَبِي بَكْرٍ رَضِيَ اللَّهُ عَنْهَا قَالَتْ : قَالَ النَّبِيُّ صَلَّى اللَّهُ عَلَيْهِ وَسَلَّمَ : « **إِنِّي عَلَى حَوْضِي حَتَّى أَنْظُرَ مَنْ يَرِدُ عَلَيَّ مِنْكُمْ، وَسَيُؤْخَذُ نَاسٌ دُونِي ، فَأَقُولُ : يَا رَبِّ مِنِّي وَمِنْ أُمَّتِي، فَيُقَالُ : هَلْ شَعَرْتَ مَا عَمِلُوا بَعْدَكَ ، وَاللَّهِ مَا بَرِحُوا يَرْجِعُونَ عَلَى أَعْقَابِهِمْ** » ، فَكَانَ ابْنُ أَبِي مُلَيْكَةَ يَقُولُ : « اللَّهُمَّ إِنَّا نَعوذُ بِكَ أَنْ نَرْجِعَ عَلَى أَعْقَابِنَا، أَوْ نُفْتَنَ عَنْ دِينِنَا » .

100- Asmâ', la fille d'Abû Bakr (ﷺ), rapporte que le Prophète (ﷺ) a dit : « Je serai près de mon Bassin, pour voir qui d'entre vous va arriver vers moi. On éloignera de moi certaines gens. – Seigneur, dirai-je alors, ils sont des miens, de ma communauté. – Sais-tu ce qu'ils ont fait après ton départ ? répondra-t-on ; par Dieu, ils n'ont pas cessé de retourner en arrière. »

Ibn Abî Mulayka disait : « Mon Dieu, nous nous réfugions auprès de Toi contre un retour en arrière et un trouble de notre religion »[145]

Allâhumma innâ na'ûdhu bika an narji'a 'alâ a'qâbinâ aw nuftana 'an dîninâ

101 - عَنْ أَبِي أُمَامَةَ رَضِيَ اللهُ عَنْهُ قَالَ :

145 Al-Bukhârî et Muslim.

دَعَا رَسُولُ اللَّهِ صَلَّى اللهُ عَلَيْهِ وَسَلَّمَ بِدُعَاءٍ كَثِيرٍ لَمْ نَحْفَظْ مِنْهُ شَيْئًا، قُلْنَا : يَا رَسُولَ اللَّهِ دَعَوْتَ بِدُعَاءٍ كَثِيرٍ لَمْ نَحْفَظْ مِنْهُ شَيْئًا فَقَالَ : « أَلَا أَدُلُّكُمْ عَلَى مَا يَجْمَعُ ذَلِكَ كُلَّهُ ؟ تَقُولُ : اللَّهُمَّ إِنَّا نَسْأَلُكَ مِنْ خَيْرِ مَا سَأَلَكَ مِنْهُ نَبِيُّكَ مُحَمَّدٌ صَلَّى اللهُ عَلَيْهِ وَسَلَّمَ، وَنَعُوذُ بِكَ مِنْ شَرِّ مَا اسْتَعَاذَ مِنْهُ نَبِيُّكَ مُحَمَّدٌ صَلَّى اللهُ عَلَيْهِ وَسَلَّمَ، وَأَنْتَ الْمُسْتَعَانُ، وَعَلَيْكَ الْبَلَاغُ، وَلَا حَوْلَ وَلَا قُوَّةَ إِلَّا بِاللَّهِ ».

101- Abû Umâma (ﷺ) rapporte : « L'Envoyé de Dieu (ﷺ) employa un grand nombre d'invocations dont nous ne savions rien. Nous dîmes : « Ô Envoyé de Dieu, tu viens d'employer un grand nombre d'invocations dont nous ne savions rien (n'avons rien retenu). » Il répondit : « Voulez-vous que je vous indique une invocation qui les réunisse toutes ? Dites : « Notre Dieu, nous Te demandons une part du bien que T'a demandé Ton Prophète Mu<u>h</u>ammad (ﷺ) et nous cherchons refuge auprès de Toi contre une part du mal dont Ton Prophète Mu<u>h</u>ammad (ﷺ) T'a demandé de le préserver ; Tu es Celui dont on implore le secours ; Celui à qui il incombe de fournir ce qui suffit ; il n'est de force et de puissance qu'en Toi. »[146]

Allâhumma innâ nas'aluka min khayri mâ sa'alaka minhu nabiyyuka Mu<u>h</u>ammadun wa na'ûdhu bika min sharri ma sta'âdhaka minhu nabiyyuka Mu<u>h</u>ammadun wa anta l-musta'ânu wa 'alayka l-balâghu wa lâ <u>h</u>awla wa lâ quwwata illâ billâhi ».

146 At-Titmidhî qui le qualifie de *<u>h</u>asan gharîb*.

102 - عَنْ مُعَاذِ بْنِ جَبَلٍ رَضِيَ اللهُ عَنْهُ قَالَ : قَالَ لَنَا رَسُولُ اللَّهِ صَلَّى اللهُ عَلَيْهِ وَسَلَّمَ : « **اسْتَعِيذُوا بِاللَّهِ مِنْ طَمَعٍ يَهْدِي إِلَى طَبْعٍ، وَمِنْ طَمَعٍ يَهْدِي إِلَى غَيْرِ مَطْمَعٍ وَمِنْ طَمَعٍ حَيْثُ لَا طَمَعَ** ».

102- Mu‘âdh Ibn Jabal (ﷺ) rapporte : L’Envoyé de Dieu (ﷺ) nous a dit : « Cherchez refuge auprès de Dieu contre une convoitise qui guide au vice, contre une convoitise hors de son lieu, et contre une convoitise sans objet »[147]

Allâhumma innâ na‘ûdhu bika min ṯama‘in yahdî ilâ ṯab‘in wa min ṯama‘in yahdî ilâ ghayri maṯma‘in wa min ṯama‘in haythu lâ ṯama‘a

147 Ahmad et Al-Bayhaqî.

Table des matières